GRAMMAIRE DES COMMENÇANTS

X.

Cours de grammaire française à l'usage des élèves de l'enseignement spécial, par M. Jonette, agrégé de l'Université, proviseur au lycée de Napoléon-Vendée.

Grammaire française de l'enseignement spécial. In-12, cart. 1 fr. 40 c.

Dictées nouvelles (livre du maître), mises en rapport avec la Grammaire française, contenant des explications sur le but de la dictée, et une série de questions servant de devoirs aux élèves; par le même. 1 vol. in-12, br. 2 fr.

Exercices gradués (livre de l'élève), sur la Grammaire française, précédés de questions servant de devoirs et correspondant aux Dictées nouvelles; par le même. 1 vol. in-12, cart. 2 fr.

DICTIONNAIRE CLASSIQUE UNIVERSEL, français, historique, biographique, mythologique, géographique et étymologique; par M. Th. Bénard, officier d'Académie, chef de bureau au Ministère de l'Instruction publique. *Nouvelle édition, refondue et augmentée de 5,600 mots.* 1 vol. grand in-18, de 820 pages, cart. 2 fr. 60 c.

— *Le même,* relié en percaline anglaise, avec titre doré. 3 fr.

> Ouvrage approuvé par le Conseil supérieur de perfectionnement de l'enseignement secondaire spécial, et couronné par la Société pour l'Instruction élémentaire, qui a décerné à l'auteur la plus haute récompense :
> **UNE MÉDAILLE D'ARGENT.**

Lectures, *morales, historiques et scientifiques,* en prose et en vers, extraites des auteurs anciens et modernes et annotées par M. Caron, professeur agrégé de l'Université, à l'usage des élèves de l'année préparatoire à l'enseignement secondaire spécial. Seconde édition. 1 vol. in-12, cart. 1 fr. 60 c.

Lectures, *morales, historiques et scientifiques,* en prose et en vers, extraites des auteurs anciens et modernes et annotées par M. Henry, professeur agrégé de l'Université, à l'usage des élèves de première année de l'enseignement secondaire spécial. Seconde édition. in-12, cart. 1 fr. 60 c. *Approuvé par le Conseil supérieur de perfectionnement de l'enseignement secondaire spécial.*

Petite histoire de France, divisée en vingt-deux leçons. Chaque leçon est précédée d'un *Résumé* historique et suivie d'un *Questionnaire;* par M. H. Pigeonneau, professeur d'histoire au lycée Louis-le-Grand, et de géographie commerciale à l'Ecole supérieure du commerce, etc., membre de la Société de géographie. 1 vol. in-18, cart. 75 c.

Histoire de France (*Simples récits*). — Chaque récit est précédé d'un *Résumé historique;* par le même. Nouvelle édition. In-12, cart. 1 fr. 60 c.

Atlas des Écoles primaires, contenant dix-sept cartes coloriées, avec des notions de géographie et un questionnaire placés en regard des cartes; par le même. In-4° oblong, cart. 1 fr. *Le texte qui accompagne cet Atlas se compose, pour chaque carte, de deux parties : 1° une légende, que l'élève doit apprendre et réciter; 2° un questionnaire, auquel il doit répondre par écrit, et qui forme une suite de devoirs de géographie.*

GRAMMAIRE

DES COMMENÇANTS

OU

ÉLÉMENTS DE LA GRAMMAIRE FRANÇAISE

À L'USAGE DES TRÈS-JEUNES ENFANTS

PAR

H. JONETTE

Agrégé des Lettres, Proviseur au Lycée impérial de Napoléon-Vendée.

PARIS

LIBRAIRIE CLASSIQUE D'EUGÈNE BELIN

RUE DE VAUGIRARD, N° 52.

—

1869

Tout exemplaire de cet ouvrage non revêtu de ma griffe sera réputé contrefait.

Eug. Belin

©

Saint-Cloud. — Imprimerie de Mme Ve BELIN.

PRÉFACE.

Ce livre a été fait pour l'âge où les enfants n'ont, à proprement parler, d'autre faculté qu'une grande mémoire. On s'est appliqué à rendre les définitions aussi claires que possible, afin que le premier éveil de l'intelligence pût en tirer parti. La syntaxe a été supprimée : on s'est borné à indiquer quelques règles d'accord pour les mots variables. C'est par cœur qu'il faut apprendre ce premier livre. L'acquisition des faits grammaticaux les plus simples se fait d'abord par la mémoire; puis l'intelligence les explique un peu plus tard. En vain voudrait-on se soustraire à ce procédé par d'autres méthodes. Il est dans la nature, et chaque fois qu'on s'en écarte, on n'aboutit qu'à la confusion. Quand les enfants posséderont cette petite grammaire, il sera temps alors de leur donner un livre plus complet qui ne sera pas destiné à être récité.

Notre grammaire des commençants se recommande aux plus jeunes élèves de toutes les écoles primaires, et particulièrement aux enfants des petites classes annexées aux collèges et lycées, sous le titre de Cours préparatoire à la division élémentaire. Elle a été faite pour être mise entre leurs mains aussitôt qu'ils savent lire et écrire.

Nous y avons joint des Exercices aussi simples que la

Grammaire et qui devront d'abord être copiés. On sait que les enfants n'apprennent guère l'orthographe usuelle qu'à force d'écrire souvent les mêmes mots. Leur intelligence n'en souffre pas, pour peu qu'on ne leur présente que des termes dont ils commencent à saisir le sens.

On a placé les verbes défectifs et les verbes irréguliers à la fin de la Grammaire et des Exercices, pour que la connaissance des dernières espèces de mots ne fût pas retardée par l'étude assez longue de ces verbes.

GRAMMAIRE DES COMMENÇANTS

—

INTRODUCTION.

—

GRAMMAIRE.

1. — Quand on commence à savoir lire et écrire, il faut apprendre la *grammaire*.

2. — La *grammaire* est le livre qui nous enseigne à bien parler et à bien écrire.

3. — Les *mots* que nous employons pour parler sont formés avec des lettres.

LETTRES.

4. — Il y a *vingt-cinq* lettres, *six* voyelles et *dix-neuf* consonnes.

5. — Les voyelles sont *a, e, i, o, u, y*.

6. — Les *consonnes* sont *b, c, d, f, g, h, j, k, l, m, n, p, q, r, s, t, v, x, z*.

7. — Il faut absolument qu'un mot contienne des voyelles, car les consonnes sans voyelles ne peuvent pas donner de son.

8. — Les *syllabes* sont les parties d'un mot qui se prononcent d'un seul coup, comme dans : *do-ci-li-té*. On compte quatre syllabes dans ce mot.

9. — On réunit quelquefois l'*o* et l'*e*, comme dans le mot *œil*.

10. — On double quelquefois le *v*, comme dans le mot *wagon*.

SIGNES.

11. — Les lettres sont souvent accompagnées de *signes* qui en modifient la prononciation.

12. — Il y a d'abord les *accents*, au nombre de trois.

13. — L'accent *aigu* (´) se met sur les *e* que l'on appelle *fermés*, comme dans *été*.

14. — L'accent *grave* (`) se met sur les *e* que l'on appelle *ouverts*, comme dans *abcès*.

15. — L'accent *circonflexe* (^) se met sur *a, e, i, o, u,* pour les faire prononcer longuement, comme dans *pâte, bête, épître, apôtre, flûte*.

16. — La *cédille* (ç) se met sur le *c*, devant *a, o, u* pour adoucir le son, comme dans *façade, maçon, reçu*.

17. — Le *point* (.) se met sur l'*i* et sur le *j*.

18. — Le *tréma* (¨) se met sur une voyelle que l'on veut séparer d'une autre voyelle en la prononçant, comme *u* dans *Saül* (et non *Saul*).

19. — Le *trait-d'union* (-) réunit des mots ou des parties de mots, comme dans *plate-forme*.

20. — L'*apostrophe* (') remplace une voyelle à la fin d'un mot, comme dans *l'avare* pour *le avare*.

PONCTUATION.

21. — On se repose quelquefois en parlant, et on marque ce repos par des signes que l'on appelle signes de *ponctuation*.

22. — Pour marquer un repos *complet* on met un *point* (.), cela indique la fin de la *phrase*.

23. — Pour marquer un repos *moyen*, on met un *point-et-virgule* (;) ou un *deux-points* (:).

24. — Pour marquer un repos *faible*, on met une *virgule* (,).

25. — Après le *point* (.) qui termine une phrase, on recommence la phrase suivante par une lettre *majuscule* ou *grande lettre* (A, B, etc.).

26. — Quand on fait une question, cette question se

termine par un signe appelé *point d'interrogation* (?) comme dans : *Que dis-tu ?*

27. — Quand on pousse un cri de joie ou de douleur, on met après le mot que l'on a employé un signe appelé *point d'exclamation* (!), comme dans : *Oh! ah! hélas!*

PRONONCIATION.

28. — Pour prononcer un *e fermé* (é) on a la bouche presque fermée, comme dans *été*.

29. — Pour prononcer un *e ouvert* (è) on a la bouche plus ouverte, comme dans *abcès*.

30. — Pour prononcer les voyelles longues *â, ê, î, ô, û* marquées d'un accent circonflexe, on ouvre plus la bouche et on s'arrête plus longtemps, comme dans *pâte, bête, épître, apôtre, flûte*.

31. — *E* s'appelle *muet* quand on ne le prononce presque pas, comme dans *robe*.

32. — *H* s'appelle *muet* quand on ne le prononce pas du tout, comme dans *l'homme*.

33. — *H* s'appelle *aspiré* quand on s'arrête un peu avant de prononcer la syllabe où *h* se trouve, comme dans le *hanneton*.

LES MOTS.

34. — Il y a dix espèces de mots qui sont :

Le *Nom* ou *Substantif*, l'*Article*, l'*Adjectif*, le *Pronom*, le *Verbe*, le *Participe*, l'*Adverbe*, la *Préposition*, la *Conjonction*, l'*Interjection*.

MOTS VARIABLES, — MOTS INVARIABLES.

35. — Quand un mot peut s'écrire de plusieurs manières, on dit qu'il est *variable*, comme sont : je mang*e*, tu mang*es*, ils mang*ent*.

36. — Quand un mot s'écrit toujours de la même manière, on dit qu'il est *invariable*, comme sont : *jamais, dans, lorsque, hélas!*

A QUOI SERVENT LES DIX ESPÈCES DE MOTS.

37. — Le *Nom* ou *Substantif* est un mot *variable* qui sert à désigner, en les *nommant*, les personnes, les animaux, les objets.

Paul, cheval, maison sont des *noms* ou *substantifs*.

38. — L'*Article* est un mot *variable* que l'on met devant le *substantif* et qui sert à en déterminer l'emploi.

Le cheval, *la* maison, *les* amis. *Le, la, les* sont des *articles*.

39. — L'*Adjectif* est un mot *variable* qui sert à marquer une qualité que l'on attribue au *nom* ou *substantif* qu'il accompagne.

Le *beau* cheval, la *belle* maison, les *bons* amis. *Beau, belle, bons* sont des *Adjectifs*.

40. — Le *Pronom* est un mot *variable* qui sert à remplacer le *Nom*.

Pierre est malade; *il* ne viendra pas.

Marie n'est pas malade; *elle* viendra.

Il, elle sont des *Pronoms*.

41. — Le *Verbe* est un mot *variable* qui sert à exprimer les actions que l'on fait.

Paul *chante;* Jeanne *pleure*. *Chante, pleure* sont des *Verbes*.

42. Le *Participe* est un mot *variable* qui ressemble à un *Adjectif* et qui tient du verbe.

En *aimant*, on est *aimé*. *Aimant, aimé* sont des *Participes*.

43. — L'*Adverbe* est un mot *invariable* qui sert à ajouter quelque chose à la signification du *Verbe*.

Alfred lit *bien;* je viendrai *demain*. *Bien, demain* sont des *Adverbes*.

44. — La *Préposition* est un mot *invariable* qui sert à marquer devant les *Noms* ou *Substantifs*, le *lieu*, le *temps*, la *manière*.

Sur le cheval; *dans* la maison; *depuis* la ville; *avec* Pierre.

Sur, dans, depuis, avec sont des *Prépositions*.

45. — La *Conjonction* est un mot *invariable* qui sert à lier entre eux les autres mots.

Papa *et* maman ; je veux *que* tu viennes. *Et, que* sont des *Conjonctions*.

46. — L'*Interjection* est un mot *invariable* qui sert à indiquer la joie, la douleur, l'étonnement.

Ah! que c'est beau! *Oh! hélas!* que j'ai mal!

Ah! oh! hélas! sont des *Interjections*.

CHAPITRE PREMIER.

LE NOM OU SUBSTANTIF.

47. — Le *nom* ou *substantif* est un mot *variable* qui sert à désigner en les *nommant* les personnes, les animaux, les objets.

Ex. : *Paul, cheval, maison, bonté.*

48. — Il y a des *noms* que l'on appelle *noms propres*, parce qu'ils servent à désigner particulièrement une *personne* ou un *lieu*.

Ex. : *Paul, Jacques, Paris*, la *France.*

49. — Il y a des *noms* que l'on appelle *noms communs*, parce qu'ils servent à nommer toutes les *personnes* ou tous les *objets* d'une même espèce.

Ex. : *Homme, bœuf, livre.*

DU GENRE.

50. — Les *noms* ou *substantifs* sont tous *masculins* ou *féminins* : cette différence s'appelle le *genre* des substantifs.

51. — On reconnaît les substantifs *masculins*, parce que devant eux on peut mettre *le* ou *un*.

Ex. : *Un* chien, *le* chien ; *un* chat, *le* chat ; *un* livre, *le* livre.

52. — On reconnaît les substantifs *féminins*, parce que devant eux on peut mettre les mots *une* ou *la.*

Ex. : *Une* chienne, *la* chienne ; *une* chatte, *la* chatte ; *une* plume, *la* plume.

DU NOMBRE.

53. — Les noms ou substantifs sont toujours employés au *singulier* ou au *pluriel*, cette différence s'appelle le *nombre* des substantifs.

54. — On emploie un *nom* au *singulier* quand on parle d'une seule personne ou d'un seul objet.

Ex. : *Un* homme, *un* chien, *une* chatte, *un* livre.

55. — On emploie un *nom* au *pluriel* quand on parle de plusieurs personnes ou de plusieurs objets.

Ex. : *Des* hommes, *des* chiens, *des* chats, *des* livres.

FORMATION DU FÉMININ.

56. — Pour former le *féminin* d'un substantif, on ajoute généralement un *e* au *masculin*.

Ex. : Le marchand, la *marchande*.

57. — Quelquefois on répète la *consonne* qui finit le mot avant de mettre l'*e*.

Ex. : Un chien, une *chienne*.

58. — D'autres fois il y a une plus grande différence entre le masculin et le féminin.

Ex. : Un acteur, une *actrice* ; un nègre, une *négresse* ; un instituteur, une *institutrice* ; un homme, une *femme* ; un cerf, une *biche*.

FORMATION DU PLURIEL.

59. — Pour former le *pluriel* d'un substantif, on ajoute généralement un s au singulier.

Ex. : Un homme, des *hommes ;* un chat, des *chats ;* un loup, des *loups ;* un livre, des *livres.*

60. — Quand un nom est terminé au singulier par s, x, z, il ne change pas au *pluriel.*

Ex. : Un bois, des *bois ;* une noix, des *noix ;* un nez, des *nez.*

61. — Les noms terminés au singulier par *eu, au* prennént un *x* au lieu d'un s au pluriel.

Ex. : Un feu, des *feux ;* un étau, des *étaux ;* un bateau, des *bateaux.*

62. — Les mots *bijou, caillou, chou, genou, hibou, joujou* prennent un *x,* et non un s, au pluriel : bijoux, cailloux, choux, genoux, hiboux, joujoux.

63. — *Ciel* fait *cieux, œil* fait *yeux,* au pluriel.

CHAPITRE DEUXIÈME.

DE L'ARTICLE.

64. — L'*article* est un mot *variable* que l'on met devant le *Nom* ou *Substantif* pour en déterminer l'emploi.

Ex. : *Le* pays est beau ; *la* plume de mon frère.

65. — L'*article* ne se met guère que devant les noms *communs*, excepté pour les noms de *pays.*

Ex. : *La* France.

66. — Il y a un *article masculin singulier*, c'est le *le :* il se met devant les noms masculins singuliers.

Ex. : *Le* cheval, *le* livre.

1.

67. — Il y a un *article féminin singulier*, c'est *la ;* il se met devant les noms féminins singuliers.

Ex. : *La* brebis, *la* maison.

68. — Il y a un article pluriel, c'est *les ;* il se met devant les noms pluriels, soit masculins, soit féminins.

Ex. : *Les* chevaux, *les* livres, *les* brebis, *les* maisons.

69. — Au singulier devant un mot qui commence par une *voyelle* ou par un *h muet*, on retranche *e* de l'article *le*, et *a* de l'article *la*, et on les remplace par un signe qu'on appelle *apostrophe* (').

Ex. : *L'*argent, *l'*homme (et non le argent, le homme).

70. — Devant un *h aspiré*, *le* et *la* ne perdent pas leur dernière lettre.

Ex. : *Le* hameau, *la* hache.

71. — Devant les *mots masculins* qui commencent par une consonne ou par un *h aspiré*, on dit *du* et non *de le ;* on dit *au*, et non *à le*.

Ex. : *Du* père (et non *de le* père).
     Au hameau (et non *à le* hameau).

72. — Devant tous *les mots pluriels*, on dit *des* et non *de les ;* on dit *aux* et non *à les*.

Ex. : *Des* hommes, *des* pères, et non *de les* hommes, *de les* pères ; *aux* hommes, *aux* pères, et non *à les* hommes, *à les* pères.

CHAPITRE TROISIÈME.

DE L'ADJECTIF.

73. — L'*Adjectif* est un mot *variable* qui sert à marquer une qualité que l'on attribue au *Nom*.

Ex. : *Bon* Paul, cheval *blanc*, *grande* maison.
Bon, *blanc*, *grande* sont des Adjectifs.

74. — L'Adjectif qui marque particulièrement la qualité s'appelle Adjectif *qualificatif*.

75. — L'Adjectif s'emploie comme le Nom ou Substantif au *masculin* et au *féminin*, au *singulier* et au *pluriel*.

FÉMININ DES ADJECTIFS.

76. — Pour mettre un Adjectif au féminin, il faut généralement ajouter un *e* au masculin.

Ex. : Masculin, *grand;* féminin, *grande.*
Masculin, *petit;* féminin, *petite.*

77. — Les Adjectifs terminés par un *e muet* au masculin ne changent pas au féminin.

Ex. : Masculin, *aimable;* féminin, *aimable.*

78. — Dans beaucoup d'Adjectifs, il ne suffit pas d'ajouter un *e* pour former le féminin, il faut quelquefois doubler la consonne qui est à la fin de l'adjectif masculin, ou faire d'autres changements.

Ex. : MASCULIN.	FÉMININ.
Cruel,	cruelle.
Pareil,	pareille.
Ancien,	ancienne.
Muet,	muette.
Bon,	bonne.
Gros,	grosse.
Sot,	sotte.
Gentil,	gentille.
Paysan,	paysanne.
Complet,	complète.
Inquiet,	inquiète.
Secret,	secrète.
Fier,	fière.
Beau, bel,	belle.
Nouveau, nouvel,	nouvelle.
Fou, fol,	folle.
Mou, mol,	molle.
Vieux, vieil,	vieille.

MASCULIN.	FÉMININ.
Bref,	brève.
Naïf,	naïve.
Doux,	douce.
Roux,	rousse.
Faux,	fausse.
Sec,	sèche.
Blanc,	blanche.
Public,	publique.
Frais,	fraîche.
Malin,	maligne.
Bénin,	bénigne.
Favori,	favorite.
Long,	longue.

79. — Les Adjectifs terminés au masculin par *eux, eur* font en général leur féminin en *euse.*

Ex. : Paresseux, paresseuse; honteux, honteuse; trompeur, trompeuse ; flatteur, flatteuse.

PLURIEL DES ADJECTIFS.

80. — Pour mettre un *adjectif* au *pluriel*, il suffit d'ajouter un *s* à l'adjectif singulier.

Ex. : Singulier, *grand;* pluriel, *grands.*
Singulier, *petite ;* pluriel, *petites.*

81. — Les adjectifs terminés au singulier par *s* ou *x*, ne changent pas au pluriel.

Ex. : Singulier, *pervers;* pluriel, *pervers.*
Singulier, *précieux ;* pluriel, *précieux.*

82. — La plupart des adjectifs terminés en *al, eau,* au singulier, font leur pluriel en *aux.*

Ex. : Singulier, *général;* pluriel, *généraux.*
Singulier, *nouveau ;* pluriel, *nouveaux.*

ACCORD DE L'ADJECTIF AVEC LE NOM OU PRONOM AUQUEL IL SE RAPPORTE.

83. — Tout *adjectif* se rapporte à un *nom* ou à un *pronom*, et s'accorde avec lui en *genre* et en *nombre.*

84. — Quand un *nom* est *masculin*, l'*adjectif* qui s'y rapporte se met au *masculin*.

Ex. : Un homme *grand*.

85. — Quand un *nom* est *féminin*, l'*adjectif* qui s'y rapporte se met au *féminin*.

Ex. : Une femme *grande*.

86. — Quand un *nom* est au *singulier*, l'*adjectif* qui s'y rapporte se met au *singulier*.

Ex. : Le *beau* joujou.

87. — Quand un *nom* est au *pluriel*, l'adjectif qui s'y rapporte se met au *pluriel*.

Ex. : Les *beaux* joujoux.

AUTRES ESPÈCES D'ADJECTIFS.

ADJECTIFS POSSESSIFS.

88. — Il y a des *adjectifs* qui servent à marquer la *possession* : on les appelle *adjectifs possessifs*.

Ex. : *Mon* pain, *ma* maison, *mes* habits.

89. — LISTE DES ADJECTIFS POSSESSIFS.

MASCULIN SINGULIER.	FÉMININ SINGULIER.	MASCUL. ET FÉM. PLUR.
Mon (père),	Ma (mère),	Mes (parents),
ton,	ta,	tes,
son.	sa.	ses.

MASCULIN ET FÉMININ SINGULIER.	MASCULIN ET FÉMININ PLURIEL.
Notre (père).	Nos (parents),
votre,	vos,
leur.	leurs.

ADJECTIFS DÉMONSTRATIFS.

90. — Il y a des *adjectifs* qui servent à *montrer* les personnes ou les objets ; on les appelle *adjectifs démonstratifs*.

Ex. : *Ce* bois, *cette* maison.

91. — LISTE DES ADJECTIFS DÉMONSTRATIFS.

MASCULIN-SINGULIER.	FÉMININ SINGULIER.	MASCUL. ET FÉM. PLUR.
Ce, cet.	Cette.	Ces.

92. — Au masculin singulier on emploie *ce* devant un mot qui commence par une *consonne* ou un *h aspiré*.

Ex. : *Ce* tableau, *ce* hameau.

93. — On emploie *cet* devant un mot qui commence par une *voyelle* ou un *h muet*.

Ex. : *Cet* ami, *cet* homme.

ADJECTIFS NUMÉRAUX.

94. — Il y a des *adjectifs* qui servent à *compter* ou à *ranger par ordre* les personnes ou les choses : on les appelle *adjectifs numéraux*.

Ex. : *Un* homme, *deux* amis, *trois* maisons.
       Il est le *premier*, et vous le *second*.

95. — Les *adjectifs numéraux* qui servent à compter, s'appellent *adjectifs numéraux cardinaux* ou *noms de nombre*.

96. — LISTE DES ADJECTIFS NUMÉRAUX CARDINAUX OU NOMS DE NOMBRE.

Un.	Onze.	Vingt-et-un.	Trente-et-un, etc.
Deux.	Douze.	Vingt-deux.	Quarante.
Trois.	Treize.	Vingt-trois.	Cinquante.
Quatre.	Quatorze.	Vingt-quatre.	Soixante.
Cinq.	Quinze.	Vingt-cinq.	Soixante-dix.
Six.	Seize.	Vingt-six.	Quatre-vingts.
Sept.	Dix-sept.	Vingt-sept.	Quatre-vingt-dix.
Huit.	Dix-huit.	Vingt-huit.	Cent.
Neuf.	Dix-neuf.	Vingt-neuf.	Mille.
Dix.	Vingt.	Trente.	Un million.'

97. — Les *adjectifs numéraux* qui servent à marquer l'ordre, le rang, s'appellent *adjectifs numéraux ordinaux*.

98. — LISTE DES ADJECTIFS NUMÉRAUX ORDINAUX.

Premier, second ou deuxième, troisième, quatrième, cinquième, sixième, septième, huitième, neuvième, dixième, onzième, etc.; vingt-et-unième, etc.; centième, millième, millionième.

ADJECTIFS INDÉFINIS.

99. — Il y a des *adjectifs* qui ne définissent pas clairement la personne ou la chose à laquelle ils se rapportent; on les appelle *adjectifs indéfinis*.

Ex. : *Un* homme (on ne dit pas lequel).
Une femme (on ne dit pas laquelle).

Un, une, sont des *adjectifs indéfinis*.
100. — Les principaux *adjectifs indéfinis* sont :
Un, une; aucun, aucune; nul, nulle; tel, telle; tout, toute; certain, certaine; quel, quelle; lequel, laquelle.
Quelques-uns ont la même forme au féminin qu'au masculin, ce sont : Chaque, plusieurs, même, autre, quelque, quelconque.

Ex. : *Chaque* homme, *chaque* maison; *plusieurs* amis, *plusieurs* dames.

101. — Les *adjectifs indéfinis* sont *toujours* accompagnés d'un substantif.
102. — Quand *quel* sert à interroger, on l'appelle encore adjectif interrogatif.

Ex. : *Quel* homme as-tu vu? *Quelle* personne est venue?

CHAPITRE QUATRIÈME.

DU PRONOM.

103. — Le *Pronom* est un mot *variable* qui sert à remplacer le *nom* ou *substantif*.

Ex. : Pierre est malade; *il* ne viendra pas.
Marie se porte bien; *elle* viendra.

Il est un *pronom* qui remplace le *nom* Pierre.
Elle est un *pronom* qui remplace le *nom* Marie.

PRONOMS PERSONNELS.

104. — Il y a des pronoms qui désignent les *personnes*:
on les appelle pronoms *personnels*.

105. — Il y a trois personnes qui peuvent nous occuper.

106. — La *première personne* est celle qui parle : elle
dit : *Je* au singulier; elle dit : *Nous* au pluriel.

Ex. : *Je* chante; *nous* chantons.

107. — La *seconde personne* est celle à qui l'on parle, on
lui dit : *Tu*, au singulier; on lui dit : *Vous*, au pluriel.

Ex. : *Tu* chantes; *vous* chantez.

108. — (Quand on dit *vous* au lieu de *tu* au singulier,
c'est par politesse).

109. — La *troisième personne* est celle de qui l'on parle,
on dit d'elle : *il*, au masculin singulier; *ils*, au masculin
pluriel. On dit : *Elle*, au féminin singulier; *elles*, au féminin pluriel.

Ex. : *Il* chante; *ils* chantent.
Elle chante; *elles* chantent.

110. — Les pronoms personnels sont assez nombreux;
en voici le tableau :

111. — 1re PERSONNE.

SINGULIER.	PLURIEL.
Je, moi, me (*me* se dit pour *moi*, ou pour *à moi*.	Nous.

112. — 2e PERSONNE.

SINGULIER.	PLURIEL.
Tu, toi, te (*te* se dit pour *toi*, ou pour *à toi*).	Vous.

113. — 3° PERSONNE.

| SINGULIER. | | PLURIEL. | |
MASCULIN.	FÉMININ.	MASCULIN.	FÉMININ.
Il, lui.	Elle.	Ils, eux.	Elles.
Le (pour *lui*).	La (pour *elle*).	Les (pour *eux*).	Les (pour *elles*)
Lui (p^r *à lui*).	Lui (p^r *à elle*).	Leur (p^r *à eux*).	Leur (p^r *à elles*).

PRONOM PERSONNEL RÉFLÉCHI.

114. — *Se, soi, se* (pour à soi) s'emploient à la 3ᵉ personne, en même temps pour le masculin que pour le féminin, pour le singulier que pour le pluriel, ce sont les deux formes du pronom que l'on appelle *réfléchi*.

Ex. : *Il se* bat; elle *se* bat; ils ou elles *se* battent.

PRONOMS POSSESSIFS.

115. — Il y a des pronoms qui marquent la possession; on les appelle *pronoms possessifs*.

Ex. : Ce livre est *le mien;* ce n'est pas *le tien*.

116. — Les *pronoms possessifs* renferment toujours l'article; ce qui les distingue des *adjectifs possessifs*.

117. — LISTE DES PRONOMS POSSESSIFS.

| SINGULIER. | | FÉMININ. | |
MASCULIN.	FÉMININ.	MASCULIN.	FÉMININ.
Le mien.	La mienne.	Les miens.	Les miennes.
Le tien.	La tienne.	Les tiens.	Les tiennes.
Le sien.	La sienne.	Les siens.	Les siennes.
Le nôtre.	La nôtre.	Les nôtres.	
Le vôtre.	La vôtre.	Les vôtres.	
Le leur.	La leur.	Les leurs.	

PRONOMS DÉMONSTRATIFS.

118. — Il y a des pronoms qui servent à *montrer* les personnes ou les objets, on les appelle *pronoms démonstratifs*.

Ex. : *Celui* qui vient est mon cousin; *cela* me regarde.

TABLEAU DES PRONOMS DÉMONSTRATIFS.

119. — *Ce, ceci, cela* (en parlant d'un objet).

SINGULIER.		PLURIEL.		
MASCULIN.	FÉMININ.	MASCULIN.	FÉMININ.	
Celui.	Celle.	Ceux.	Celles.	En parlant des per-
Celui-ci.	Celle-ci.	Ceux-ci.	Celles-ci.	sonnes ou des ob-
Celui-là.	Celle-là.	Ceux-là.	Celles-là.	jets,

PRONOMS RELATIFS.

120. — Il y a des pronoms qui marquent une *relation* (ou rapport) avec une personne ou avec un objet dont il a déjà été parlé, on les appelle *pronoms relatifs*.

Ex. : L'homme *qui* est venu; la femme *que* j'ai vue.

Qui, que, sont des *pronoms relatifs*.

121. — LISTE DES PRONOMS RELATIFS.

Qui, que, quoi.
Lequel, laquelle, lesquels, lesquelles.
Dont (pour *de qui, de quoi, du quel, de laquelle, desquels, desquelles*).

122. — Quand les pronoms *relatifs* servent à interroger, on les appelle *pronoms interrogatifs*.

Ex. : *Qui* frappe? (*pour quelle est la personne qui frappe?*) *qui* est ici un *pronom interrogatif*.

PRONOMS INDÉFINIS.

123. — Il y a des pronoms qui ne définissent pas clairement les personnes ou les objets qu'ils représentent, on les appelle *pronoms indéfinis*.

Ex. : *Aucun* n'est venu; *on* me l'a dit : *l'autre* s'est brisé.

Aucun, on, l'autre, sont des pronoms indéfinis.

124. — LISTE DES PRONOMS INDÉFINIS.

Un, une.	On.
L'un, l'une.	L'on.
L'autre.	Autrui.
L'un et l'autre, l'une et l'autre.	Personne.
L'un ou l'autre, l'une ou l'autre.	Quiconque.
L'un l'autre, l'une l'autre.	Tout, tous.
Les uns les autres, les unes les autres.	Rien.
Quelqu'un, quelqu'une.	Plusieurs.
Quelques-uns, quelques-unes.	Certains, certaines.
Aucun, aucune.	Nul, nulle.
Chacun, chacune.	Tel, telle.

125. — Les *pronoms* indéfinis ne sont *jamais* accompagnés d'un *substantif*.

ACCORD DU PRONOM AVEC LE NOM.

126. — Les *pronoms* s'accordent toujours avec le *nom* ou *substantif* qu'ils représentent.

Ex. : Paul est malade ; *il* ne viendra pas.
Marie est bien portante ; *elle* viendra.

Il est au masculin singulier, parce que *Paul* est au masculin singulier.

Elle est au féminin singulier, parce que *Marie* est au féminin singulier.

CHAPITRE CINQUIÈME.

DU VERBE.

127. — Le verbe est un mot *variable* qui sert à exprimer les actions que l'on fait.

Ex. : *Chanter, boire, manger, se promener*, sont des verbes.

DU SUJET.

128. — Le nom de la personne ou de la chose *qui fait l'action* exprimée par le verbe, s'appelle le *sujet* du verbe.

129. — On connaît le sujet du verbe en posant la question *qui est-ce qui?* ou *qu'est-ce qui?*

Ex. : *Paul* chante, qui est-ce qui chante? *Paul.*
Le loup fuit, qui est-ce qui fuit? *Le loup.*
La pluie tombe, qu'est-ce qui tombe? *La pluie.*

Paul, le loup, la pluie, sont les *sujets* des verbes *chante, fuit, tombe.*

DU COMPLÉMENT OU RÉGIME DIRECT.

130. — Le nom de la personne ou de la chose *sur qui tombe l'action* exprimée par le verbe, s'appelle le *complément* ou *régime direct* du verbe.

131. — On connaît le *complément* ou *régime direct* du verbe, en posant la question *qui est-ce que?* ou *qu'est-ce que?*

Ex. : Paul chante *une chanson*, qu'est-ce que Paul chante? *une chanson.*

Joseph bat *mon frère*, qui est-ce que Joseph bat? *mon frère.*

Une chanson, mon frère, sont les *compléments* ou *régimes directs* des verbes *chante, bat.*

DU COMPLÉMENT OU RÉGIME INDIRECT.

132. — On appelle *complément* ou *régime indirect* le nom qui se rattache au verbe par une préposition.

Ex. : Je donne mon livre *à Pierre. A Pierre* est un complément indirect du verbe *donner.*

133. — Les *noms* qui servent de sujets, de compléments directs ou indirects aux verbes, peuvent être remplacés par des *pronoms,*

Ex. : Je donne à Pierre : je *lui* donne.

Je donne à mes enfants : je *leur* donne.

Je te donne ce jouet : je te *le* donne.

134. — Le verbe varie dans ses *terminaisons* suivant les *personnes*, les *modes* et les *temps*.

Ex. : Je chant*e*, nous chant*ons*, il chant*ait*.

La partie qui *change* est la *terminaison*.

LES PERSONNES.

135. — Nous nous souvenons qu'il y a trois personnes.

La *première personne* est celle *qui parle*.

Au singulier on dit : Je chant*e*.

Au pluriel on dit : Nous chant*ons*.

La *deuxième personne* est celle *à qui l'on parle*.

Au singulier on dit : Tu chant*es*.

Au pluriel on dit : Vous chant*ez*.

La *troisième personne* est celle *de qui l'on parle*.

Au singulier masculin on dit : Il chant*e*.

Au singulier féminin on dit : elle chant*e*.

Au pluriel masculin on dit : Ils chant*ent*.

Au pluriel féminin on dit : Elles chant*ent*.

136. — Les pronoms *je*, *nous*, *tu*, *vous*, *il*, *elle*, *ils*, *elles*, sont les sujets du verbe *chanter*.

137. — Le verbe s'accorde avec son sujet en *nombre* et en *personne*.

Ex. : Je chant*e*, nous chant*ons*; tu chant*es*, vous chant*ez*.

MODES ET TEMPS.

138. — Les terminaisons du verbe ne changent pas seulement à cause des personnes; elles changent à cause des *modes* et des *temps*.

139. — Le *mode* indique la *manière* dont l'action se fait.

140. — Le *temps* indique *le moment* où l'action se fait.

DIFFÉRENTS MODES.

141. — Dans un verbe complet il y a *six modes :* L'*infinitif*, l'*indicatif*, le *conditionnel*, l'*impératif*, le *subjonctif,* le *participe.*

DIFFÉRENTS TEMPS.

142. — Chaque mode se divise en plusieurs temps.

143. — L'*infinitif* a *deux temps :* le *présent* et le *passé.*

144. — L'*indicatif* a *huit temps :* le *présent*, l'*imparfait*, le *parfait défini,* le *parfait indéfini,* le *parfait antérieur,* le *plus-que-parfait,* le *futur,* le *futur antérieur.*

145. — Le *conditionnel* a *trois temps :* le *présent*, et deux formes du *passé.*

146. — L'*impératif* a *deux temps :* le *présent* et le *passé.*

147. — Le *subjonctif* a *quatre temps :* Le *présent*, l'*imparfait*, le *parfait,* le *plus-que-parfait.*

148. — Le *Participe* a *deux temps :* le *présent* et le *passé.*

CONJUGAISON DU VERBE.

149. — Dire toutes *les personnes*, tous *les modes*, tous *les temps* d'un verbe, cela s'appelle *conjuguer* un verbe.

150. — Il y a quatre conjugaisons :

151. — La *première* conjugaison a l'infinitif terminé en : ER, comme : aim*er.*

152. — La *deuxième* conjugaison a l'infinitif terminé en IR, comme : fin*ir.*

153. — La *troisième* conjugaison a l'infinitif terminé en OIR, comme : recev*oir.*

154. — La *quatrième* conjugaison a l'infinitif terminé en RE, comme : rend*re.*

VERBES AUXILIAIRES.

155. — Il y a des verbes qui aident à conjuguer tous les autres. On les appelle *Verbes auxiliaires*. C'est le verbe *Avoir* et le verbe *Être*.

156. — Conjugaison du verbe auxiliaire *AVOIR*.

INFINITIF.

PRÉSENT.	PASSÉ.
Avoir.	Avoir eu.

INDICATIF.

PRÉSENT.	PARFAIT ANTÉRIEUR.
Sing. 1re pers. J'ai.	*S.* 1. J'eus eu.
2e pers. Tu as.	2. Tu eus eu.
3e pers. Il *ou* elle a.	3. Il *ou* elle eut eu.
Plur. 1re pers. Nous avons.	*Pl.* 1. Nous eûmes eu.
2e pers. Vous avez.	2. Vous eûtes eu.
3e pers. Ils *ou* elles ont.	3. Ils *ou* elles eurent eu.

IMPARFAIT.	PLUS-QUE-PARFAIT.
S. 1. J'avais.	*S.* 1. J'avais eu.
2. Tu avais.	2. Tu avais eu.
3. Il *ou* elle avait.	3. Il *ou* elle avait eu.
Pl. 1. Nous avions.	*Pl.* 1. Nous avions eu.
2. Vous aviez.	2. Vous aviez eu.
3. Ils *ou* elles avaient.	3. Ils *ou* elles avaient eu.

PARFAIT DÉFINI.	FUTUR.
S. 1. J'eus.	*S.* 1. J'aurai.
2. Tu eus.	2. Tu auras.
3. Il *ou* elle eut.	3. Il *ou* elle aura.
Pl. 1. Nous eûmes.	*Pl.* 1. Nous aurons.
2. Vous eûtes.	2. Vous aurez.
3. Ils *ou* elles eurent.	3. Ils *ou* elles auront.

PARFAIT INDÉFINI.	FUTUR ANTÉRIEUR.
S. 1. J'ai eu.	*S.* 1. J'aurai eu.
2. Tu as eu.	2. Tu auras eu.
3. Il *ou* elle a eu.	3. Il *ou* elle aura eu.
Pl. 1. Nous avons eu.	*Pl.* 1. Nous aurons eu.
2. Vous avez eu.	2. Vous aurez eu.
3. Ils *ou* elles ont eu.	3. Ils *ou* elles auront eu.

DU VERBE.

CONDITIONNEL.

PRÉSENT.

S. 1. J'aurais.
2. Tu aurais.
3. Il *ou* elle aurait.
Pl. 1. Nous aurions.
2. Vous auriez.
3. Ils *ou* elles auraient.

PASSÉ (première forme).

S. 1. J'aurais eu.
2. Tu aurais eu.
3. Il *ou* elle aurait eu.
Pl. 1. Nous aurions eu.
2. Vous auriez eu.
3. Ils *ou* elles auraient eu.

PASSÉ (seconde forme).

S. 1. J'eusse eu.
2. Tu eusses eu.
3. Il *ou* elle eût eu.
Pl. 1. Nous eussions eu.
2. Vous eussiez eu.
3. Ils *ou* elles eussent eu.

IMPÉRATIF.

PRÉSENT.

S. 2. Aie.
Pl. 1. Ayons.
2. Ayez.

PASSÉ.

S. 2. Aie eu.
Pl. 1. Ayons eu.
2. Ayez eu.

SUBJONCTIF.

PRÉSENT.

S. 1. Que j'aie.
2. Que tu aies.
3. Qu'il *ou* qu'elle ait.
Pl. 1. Que nous ayons.
2. Que vous ayez.
3. Qu'ils *ou* qu'elles aient.

PARFAIT.

S. 1. Que j'aie eu.
2. Que tu aies eu.
3. Qu'il *ou* qu'elle ait eu.
Pl. 1. Que nous ayons eu.
2. Que vous ayez eu.
3. Qu'ils *ou* qu'elles aient eu.

IMPARFAIT.

S. 1. Que j'eusse.
2. Que tu eusses.
3. Qu'il *ou* qu'elle eût.
Pl. 1. Que nous eussions.
2. Que vous eussiez.
3. Qu'ils *ou* qu'elles eussent.

PLUS-QUE-PARFAIT.

S. 1. Que j'eusse eu.
2. Que tu eusses eu.
3. Qu'il *ou* qu'elle eût eu.
Pl. 1. Que nous eussions eu.
2. Que vous eussiez eu.
3. Qu'ils *ou* qu'elles eussent eu.

PARTICIPE.

PRÉSENT.

Ayant.

PASSÉ.

Eu, ayant eu.

157. — Les *temps* où l'on trouve le participe passé après les formes du verbe avoir, s'appellent des temps *composés*. Ainsi : *j'ai eu, j'avais eu, j'aurai eu,* etc., sont des temps *composés*.

158. — Les *temps* où le *participe* ne paraît pas s'appellent des temps *simples*.

159. — CONJUGAISON DU VERBE AUXILIAIRE *ÊTRE*.

INFINITIF.

PRÉSENT.	PASSÉ.
Être.	Avoir été.

INDICATIF.

PRÉSENT.	PARFAIT ANTÉRIEUR.
Je suis.	J'eus été.
Tu es.	Tu eus été.
Il est.	Il eut été.
Nous sommes.	Nous eûmes été.
Vous êtes.	Vous eûtes été.
Ils sont.	Ils eurent été.

IMPARFAIT.	PLUS-QUE-PARFAIT.
J'étais.	J'avais été.
Tu étais.	Tu avais été.
Il était.	Il avait été.
Nous étions.	Nous avions été.
Vous étiez.	Vous aviez été.
Ils étaient.	Ils avaient été.

PARFAIT DÉFINI.	FUTUR.
Je fus.	Je serai.
Tu fus.	Tu seras.
Il fut.	Il sera.
Nous fûmes.	Nous serons.
Vous fûtes.	Vous serez.
Ils furent.	Ils seront.

PARFAIT INDÉFINI.	FUTUR ANTÉRIEUR.
J'ai été.	J'aurai été.
Tu as été.	Tu auras été.
Il a été.	Il aura été.
Nous avons été.	Nous aurons été.
Vous avez été.	Vous aurez été.
Ils ont été.	Ils auront été.

JON. — GR. DES COMM. 2

DU VERBE.

CONDITIONNEL.

PRÉSENT.	PASSÉ (première forme).
Je serais.	J'aurais été.
Tu serais.	Tu aurais été.
Il serait.	Il aurait été.
Nous serions.	Nous aurions été.
Vous seriez.	Vous auriez été.
Ils seraient.	Ils auraient été.

PASSÉ (seconde forme).

J'eusse été.
Tu eusses été.
Il eût été.
Nous eussions été.
Vous eussiez été.
Ils eussent été.

IMPÉRATIF.

PRÉSENT.	PASSÉ.
Sois.	Aie été.
Soyons.	Ayons été.
Soyez.	Ayez été.

SUBJONCTIF.

PRÉSENT.	PARFAIT.
Que je sois.	Que j'aie été.
Que tu sois.	Que tu aies été.
Qu'il soit.	Qu'il ait été.
Que nous soyons.	Que nous ayons été.
Que vous soyez.	Que vous ayez été.
Qu'ils soient.	Qu'ils aient été.

IMPARFAIT.	PLUS-QUE-PARFAIT.
Que je fusse.	Que j'eusse été.
Que tu fusses.	Que tu eusses été.
Qu'il fût.	Qu'il eût été.
Que nous fussions.	Que nous eussions été.
Que vous fussiez.	Que vous eussiez été.
Qu'ils fussent.	Qu'ils eussent été.

PARTICIPE.

PRÉSENT.	PASSÉ.
Étant,	Été, ayant été,

VERBES ACTIFS.

160. — Les verbes actifs sont ceux qui ont un *complément* ou *régime direct*. Après un verbe actif on peut toujours raisonnablement ajouter le mot *quelqu'un* ou le mot *quelque chose*, qui représentent le complément direct.

Ex. : Pierre *bat* Paul.
Je *mange* du pain.

161. — Le *sujet* d'un Verbe actif *fait l'action* ; son *complément direct supporte l'action*.

Ex. : *Pierre* (sujet) bat (verbe) *Paul* (complément direct).

Je (sujet) mange (verbe) *du pain* (complément direct).

ÉTUDE DES QUATRE CONJUGAISONS.

162. — La première conjugaison a l'infinitif terminé en ER.

Nous en donnons le modèle dans le verbe *aimer*.

163. — CONJUGAISON DU VERBE *AIMER*.

INFINITIF.

PRÉSENT.	PASSÉ.
Aimer.	Avoir aimé.

INDICATIF.

PRÉSENT.	PARFAIT DÉFINI.
J'aime.	J'aimai.
Tu aimes.	Tu aimas.
Il aime.	Il aima.
Nous aimons.	Nous aimâmes.
Vous aimez.	Vous aimâtes.
Ils aiment.	Ils aimèrent.

IMPARFAIT.	PARFAIT INDÉFINI.
J'aimais.	J'ai aimé.
Tu aimais.	Tu as aimé.
Il aimait.	Il a aimé.
Nous aimions.	Nous avons aimé.
Vous aimiez.	Vous avez aimé.
Ils aimaient.	Ils ont aimé.

PARFAIT ANTÉRIEUR.

J'eus aimé.
Tu eus aimé.
Il eut aimé.
Nous eûmes aimé.
Vous eûtes aimé.
Ils eurent aimé.

FUTUR.

J'aimerai.[1]
Tu aimeras.
Il aimera.
Nous aimerons.
Vous aimerez.
Ils aimeront.

PLUS-QUE-PARFAIT.

J'avais aimé.
Tu avais aimé.
Il avait aimé.
Nous avions aimé.
Vous aviez aimé.
Ils avaient aimé.

FUTUR ANTÉRIEUR.

J'aurai aimé.
Tu auras aimé.
Il aura aimé.
Nous aurons aimé.
Vous aurez aimé.
Ils auront aimé.

CONDITIONNEL.

PRÉSENT.

J'aimerais.
Tu aimerais.
Il aimerait.
Nous aimerions.
Vous aimeriez.
Ils aimeraient.

PASSÉ (première forme).

J'aurais aimé.
Tu aurais aimé.
Il aurait aimé.
Nous aurions aimé.
Vous auriez aimé.
Ils auraient aimé.

PASSÉ (seconde forme).

J'eusse aimé.
Tu eusses aimé.
Il eût aimé.
Nous eussions aimé.
Vous eussiez aimé.
Ils eussent aimé.

IMPÉRATIF.

PRÉSENT.

Aime.
Aimons.
Aimez.

PASSÉ.

Aie aimé.
Ayons aimé.
Ayez aimé.

SUBJONCTIF.

PRÉSENT.	PARFAIT.
Que j'aime.	Que j'aie aimé.
Que tu aimes.	Que tu aies aimé.
Qu'il aime.	Qu'il ait aimé.
Que nous aimions.	Que nous ayons aimé.
Que vous aimiez.	Que vous ayez aimé.
Qu'ils aiment.	Qu'ils aient aimé.

IMPARFAIT.	PLUS-QUE-PARFAIT.
Que j'aimasse.	Que j'eusse aimé.
Que tu aimasses.	Que tu eusses aimé.
Qu'il aimât.	Qu'il eût aimé.
Que nous aimassions.	Que nous eussions aimé.
Que vous aimassiez.	Que vous eussiez aimé.
Qu'ils aimassent.	Qu'ils eussent aimé.

PARTICIPE.

PRÉSENT.	PASSÉ.
Aimant.	Aimé, ayant aimé.

164. — La deuxième conjugaison a l'infinitif terminé en-*IR* : nous en donnons le modèle dans le verbe *finir*.

165. — CONJUGAISON DU VERBE *FINIR*.

INFINITIF.

PRÉSENT.	PASSÉ.
Finir.	Avoir fini.

INDICATIF.

PRÉSENT.	PARFAIT DÉFINI.
Je finis.	Je finis.
Tu finis.	Tu finis.
Il finit.	Il finit.
Nous finissons.	Nous finîmes.
Vous finissez.	Vous finîtes.
Ils finissent.	Ils finirent.

IMPARFAIT.	PARFAIT INDÉFINI.
Je finissais.	J'ai fini.
Tu finissais.	Tu as fini.
Il finissait.	Il a fini.
Nous finissions	Nous avons fini.
Vous finissiez.	Vous avez fini.
Ils finissaient.	Ils ont fini.

PARFAIT ANTÉRIEUR.

J'eus fini.
Tu eus fini.
Il eut fini.
Nous eûmes fini.
Vous eûtes fini.
Ils eurent fini.

FUTUR.

Je finirai.
Tu finiras.
Il finira.
Nous finirons.
Vous finirez.
Ils finiront.

PLUS-QUE-PARFAIT.

J'avais fini.
Tu avais fini.
Il avait fini.
Nous avions fini.
Vous aviez fini.
Ils avaient fini.

FUTUR ANTÉRIEUR.

J'aurai fini.
Tu auras fini.
Il aura fini.
Nous aurons fini.
Vous aurez fini.
Ils auront fini.

CONDITIONNEL.

PRÉSENT.

Je finirais.
Tu finirais.
Il finirait.
Nous finirions.
Vous finiriez.
Ils finiraient.

PASSÉ (première forme).

J'aurais fini.
Tu aurais fini.
Il aurait fini.
Nous aurions fini.
Vous auriez fini.
Ils auraient fini.

PASSÉ (seconde forme).

J'eusse fini.
Tu eusses fini.
Il eût fini.
Nous eussions fini.
Vous eussiez fini.
Ils eussent fini.

IMPÉRATIF.

PRÉSENT.

Finis.
Finissons.
Finissez.

PASSÉ.

Aie fini.
Ayons fini.
Ayez fini.

SUBJONCTIF.

PRÉSENT.

Que je finisse.
Que tu finisses.
Qu'il finisse.
Que nous finissions.
Que vous finissiez.
Qu'ils finissent.

IMPARFAIT.

Que je finisse.
Que tu finisses.
Qu'il finît.
Que nous finissions.
Que vous finissiez.
Qu'ils finissent.

PARFAIT.	PLUS-QUE-PARFAIT.
Que j'aie fini.	Que j'eusse fini.
Que tu aies fini.	Que tu eusses fini.
Qu'il ait fini.	Qu'il eût fini.
Que nous ayons fini.	Que nous eussions fini.
Que vous ayez fini.	Que vous eussiez fini.
Qu'ils aient fini.	Qu'ils eussent fini.

PARTICIPE.

PRÉSENT.	PASSÉ.
Finissant.	Fini, ayant fini.

166. — La troisième conjugaison a l'infinitif terminé en *OIR* : nous en donnons le modèle dans le verbe *recevoir*.

167. — CONJUGAISON DU VERBE *RECEVOIR*.

INFINITIF.

PRÉSENT.	PASSÉ.
Recevoir.	Avoir reçu.

INDICATIF.

PRÉSENT.	PARFAIT INDÉFINI.
Je reçois.	J'ai reçu.
Tu reçois.	Tu as reçu.
Il reçoit.	Il a reçu.
Nous recevons.	Nous avons reçu.
Vous recevez.	Vous avez reçu.
Ils reçoivent.	Ils ont reçu.

IMPARFAIT.	PARFAIT ANTÉRIEUR.
Je recevais.	J'eus reçu.
Tu recevais.	Tu eus reçu.
Il recevait.	Il eut reçu.
Nous recevions.	Nous eûmes reçu.
Vous receviez.	Vous eûtes reçu.
Ils recevaient.	Ils eurent reçu.

PARFAIT DÉFINI.	PLUS-QUE-PARFAIT.
Je reçus.	J'avais reçu.
Tu reçus.	Tu avais reçu.
Il reçut.	Il avait reçu.
Nous reçûmes.	Nous avions reçu.
Vous reçûtes.	Vous aviez reçu.
Ils reçurent.	Ils avaient reçu.

DU VERBE.

FUTUR.	FUTUR ANTÉRIEUR.
Je recevrai.	J'aurai reçu.
Tu recevras.	Tu auras reçu.
Il recevra.	Il aura reçu.
Nous recevrons.	Nous aurons reçu.
Vous recevrez.	Vous aurez reçu.
Ils recevront.	Ils auront reçu.

CONDITIONNEL.

PRÉSENT.	PASSÉ (première forme).
Je recevrais.	J'aurais reçu.
Tu recevrais.	Tu aurais reçu.
Il recevrait.	Il aurait reçu.
Nous recevrions.	Nous aurions reçu.
Vous recevriez.	Vous auriez reçu.
Ils recevraient.	Ils auraient reçu.

PASSÉ (seconde forme).

J'eusse reçu.
Tu eusses reçu.
Il eût reçu.
Nous eussions reçu.
Vous eussiez reçu.
Ils eussent reçu.

IMPÉRATIF.

PRÉSENT.	PASSÉ.
Reçois.	Aie reçu.
Recevons.	Ayons reçu.
Recevez.	Ayez reçu.

SUBJONCTIF.

PRÉSENT.	PARFAIT.
Que je reçoive.	Que j'aie reçu.
Que tu reçoives.	Que tu aies reçu.
Qu'il reçoive.	Qu'il ait reçu.
Que nous recevions.	Que nous ayons reçu.
Que vous receviez.	Que vous ayez reçu.
Qu'ils reçoivent.	Qu'ils aient reçu.

IMPARFAIT.	PLUS-QUE-PARFAIT.
Que je reçusse.	Que j'eusse reçu.
Que tu reçusses.	Que tu eusses reçu.
Qu'il reçût.	Qu'il eût reçu.
Que nous reçussions.	Que nous eussions reçu.
Que vous reçussiez.	Que vous eussiez reçu.
Qu'ils reçussent.	Qu'ils eussent reçu.

PARTICIPE.

<table>
<tr><td>PRÉSENT.</td><td>PASSÉ.</td></tr>
<tr><td>Recevant.</td><td>Reçu, ayant reçu.</td></tr>
</table>

168. — La quatrième conjugaison a l'infinitif terminé en *RE* ; nous en donnons le modèle dans le verbe *rendre*.

169. — CONJUGAISON DU VERBE *RENDRE*.

INFINITIF.

<table>
<tr><td>PRÉSENT.</td><td>PASSÉ.</td></tr>
<tr><td>Rendre.</td><td>Avoir rendu.</td></tr>
</table>

INDICATIF.

PRÉSENT.	PARFAIT ANTÉRIEUR.
Je rends.	J'eus rendu.
Tu rends.	Tu eus rendu.
Il rend.	Il eut rendu.
Nous rendons.	Nous eûmes rendu.
Vous rendez.	Vous eûtes rendu.
Ils rendent.	Ils eurent rendu.

IMPARFAIT.	PLUS-QUE-PARFAIT.
Je rendais.	J'avais rendu.
Tu rendais.	Tu avais rendu.
Il rendait.	Il avait rendu.
Nous rendions.	Nous avions rendu.
Vous rendiez.	Vous aviez rendu.
Ils rendaient.	Ils avaient rendu.

PARFAIT DÉFINI.	FUTUR.
Je rendis.	Je rendrai.
Tu rendis.	Tu rendras.
Il rendit.	Il rendra.
Nous rendîmes.	Nous rendrons.
Vous rendîtes.	Vous rendrez.
Ils rendirent.	Ils rendront.

PARFAIT INDÉFINI.	FUTUR ANTÉRIEUR.
J'ai rendu.	J'aurai rendu.
Tu as rendu.	Tu auras rendu.
Il a rendu.	Il aura rendu.
Nous avons rendu.	Nous aurons rendu.
Vous avez rendu.	Vous aurez rendu.
Ils ont rendu.	Ils auront rendu.

2

DU VERBE.

CONDITIONNEL.

PRÉSENT.

Je rendrais.
Tu rendrais.
Il rendrait.
Nous rendrions.
Vous rendriez.
Ils rendraient.

PASSÉ (première forme).

J'aurais rendu.
Tu aurais rendu.
Il aurait rendu.
Nous aurions rendu.
Vous auriez rendu.
Ils auraient rendu.

PASSÉ (deuxième forme).

J'eusse rendu.
Tu eusses rendu.
Il eût rendu.
Nous eussions rendu.
Vous eussiez rendu.
Ils eussent rendu.

IMPÉRATIF.

PRÉSENT.

Rends.
Rendons.
Rendez.

PASSÉ (peu usité).

Aie rendu.
Ayons rendu.
Ayez rendu.

SUBJONCTIF.

PRÉSENT.

Que je rende.
Que tu rendes.
Qu'il rende.
Que nous rendions.
Que vous rendiez.
Qu'ils rendent.

PARFAIT.

Que j'aie rendu.
Que tu aies rendu.
Qu'il ait rendu.
Que nous ayons rendu.
Que vous ayez rendu.
Qu'ils aient rendu.

IMPARFAIT.

Que je rendisse.
Que tu rendisses.
Qu'il rendît.
Que nous rendissions.
Que vous rendissiez.
Qu'ils rendissent.

PLUS-QUE-PARFAIT.

Que j'eusse rendu.
Que tu eusses rendu.
Qu'il eût rendu.
Que nous eussions rendu.
Que vous eussiez rendu.
Qu'ils eussent rendu.

PARTICIPE.

PRÉSENT.

Rendant.

PASSÉ.

Rendu, ayant rendu.

VERBES PASSIFS.

170. — Les *verbes passifs* présentent le contraire des verbes actifs. Les verbes passifs peuvent avoir un *complément* ou *régime indirect*. On peut raisonnablement mettre après un verbe passif les mots *par quelqu'un* ou *par quelque chose*.

Ex. : Paul *est battu* par Pierre.
Je *suis étouffé* par la fumée.

171. — Le sujet d'un Verbe *passif supporte l'action;* son complément indirect *fait l'action.*

Paul (sujet) est battu (verbe) *par Pierre* (complément indirect).

Je (sujet) suis étouffé (verbe) *par la fumée* (complément indirect).

172. — Les verbes *passifs* se composent tous avec le verbe auxiliaire ÊTRE auquel on ajoute le participe passé.

Ex. : Je suis aimé, je suis fini, je suis reçu, je suis rendu.

173. — Nous donnons comme modèle de verbe passif, le verbe *être aimé.*

174. — CONJUGAISON DU VERBE PASSIF *ÊTRE AIMÉ.*

INFINITIF.

PRÉSENT.	PASSÉ.
Être aimé.	Avoir été aimé.

INDICATIF.

PRÉSENT.	IMPARFAIT.
Je suis aimé.	J'étais aimé.
Tu es aimé.	Tu étais aimé.
Il est aimé, elle est aimée.	Il était aimé, elle était aimée.
Nous sommes aimés.	Nous étions aimés.
Vous êtes aimés.	Vous étiez aimés.
Ils sont aimés, elles sont aimées.	Ils étaient aimés, elles étaient aimées.

PARFAIT DÉFINI.

Je fus aimé.
Tu fus aimé.
Il fut aimé, elle fut aimée.
Nous fûmes aimés.
Vous fûtes aimés.
Ils furent aimés, elles furent ai-
mées.

PLUS-QUE-PARFAIT.

J'avais été aimé.
Tu avais été aimé.   [mée.
Il avait été aimé, elle avait été ai-
Nous avions été aimés.
Vous aviez été aimés.
Ils avaient été aimés, elles avaient
été aimées.

PARFAIT INDÉFINI.

J'ai été aimé.
Tu as été aimé.
Il a été aimé, elle a été aimée.
Nous avons été aimés.
Vous avez été aimés.
Ils ont été aimés, elles ont été
aimées.

FUTUR.

Je serai aimé.
Tu seras aimé.
Il sera aimé, elle sera aimée.
Nous serons aimés.
Vous serez aimés.
Ils seront aimés, elles seront ai-
mées.

PARFAIT ANTÉRIEUR.

J'eus été aimé.
Tu eus été aimé.   [mée.
Il eut été aimé, elle eut été ai-
Nous eûmes été aimés.
Vous eûtes été aimés.
Ils eurent été aimés, elles eurent
été aimées.

FUTUR ANTÉRIEUR.

J'aurai été aimé.
Tu auras été aimé.   [mée.
Il aura été aimé, elle aura été ai-
Nous aurons été aimés.
Vous aurez été aimés.
Ils auront été aimés, elles auront
été aimées.

CONDITIONNEL.

PRÉSENT.

Je serais aimé.
Tu serais aimé.
Il serait aimé, elle serait aimée.
Nous serions aimés.
Vous seriez aimés.
Ils seraient aimés, elles seraient
aimées.

PASSÉ (première forme).

J'aurais été aimé.
Tu aurais été aimé.   [aimée.
Il aurait été aimé, elle aurait été
Nous aurions été aimés.
Vous auriez été aimés.
Ils auraient été aimés, elles au-
raient été aimées.

PASSÉ (seconde forme).

J'eusse été aimé.
Tu eusses été aimé.
Il eût été aimé, elle eût été aimée.
Nous eussions été aimés.
Vous eussiez été aimés.
Ils eussent été aimés, elles eussent été aimées.

IMPÉRATIF.

<table>
<tr><td>PRÉSENT.</td><td>PASSÉ (peu usité).</td></tr>
<tr><td>Sois aimé.</td><td>Aie été aimé.</td></tr>
<tr><td>Soyons aimés.</td><td>Ayons été aimés.</td></tr>
<tr><td>Soyez aimés.</td><td>Ayez été aimés.</td></tr>
</table>

SUBJONCTIF.

<table>
<tr><td>PRÉSENT.</td><td>PARFAIT.</td></tr>
<tr><td>Que je sois aimé.</td><td>Que j'aie été aimé.</td></tr>
<tr><td>Que tu sois aimé. [mée.</td><td>Que tu aies été aimé. [aimée.</td></tr>
<tr><td>Qu'il soit aimé, qu'elle soit ai-</td><td>Qu'il ait été aimé, qu'elle ait été</td></tr>
<tr><td>Que nous soyons aimés.</td><td>Que nous ayons été aimés.</td></tr>
<tr><td>Que vous soyez aimés.</td><td>Que vous ayez été aimés.</td></tr>
<tr><td>Qu'ils soient aimés, qu'elles soient aimées.</td><td>Qu'ils aient été aimés, qu'elles aient été aimées.</td></tr>
</table>

<table>
<tr><td>IMPARFAIT.</td><td>PLUS-QUE-PARFAIT.</td></tr>
<tr><td>Que je fusse aimé.</td><td>Que j'eusse été aimé.</td></tr>
<tr><td>Que tu fusses aimé.</td><td>Que tu eusses été aimé. [aimée.</td></tr>
<tr><td>Qu'il fût aimé, qu'elle fût aimée.</td><td>Qu'il eût été aimé, qu'elle eût été</td></tr>
<tr><td>Que nous fussions aimés.</td><td>Que nous eussions été aimés.</td></tr>
<tr><td>Que vous fussiez aimés.</td><td>Que vous eussiez été aimés.</td></tr>
<tr><td>Qu'ils fussent aimés, qu'elles fussent aimées.</td><td>Qu'ils eussent été aimés, qu'elles eussent été aimées.</td></tr>
</table>

PARTICIPE.

<table>
<tr><td>PRÉSENT.</td><td>PASSÉ.</td></tr>
<tr><td>Étant aimé.</td><td>Aimé, ayant été aimé.</td></tr>
</table>

VERBES NEUTRES.

175. — Les verbes *neutres* ne peuvent avoir aucun complément ou régime direct. On ne peut jamais raisonnablement mettre après un verbe neutre les mots *quelqu'un* ou *quelque chose*.

Ex. : Je marche, je tombe.

176. — Il y a des verbes *neutres* qui se conjuguent avec l'auxiliaire *avoir;* il y a des verbes neutres qui se conjuguent avec l'auxiliaire *être.*

177. — Nous donnons le verbe *marcher* comme modèle des verbes neutres conjugués avec *avoir.*

178. — CONJUGAISON DU VERBE-NEUTRE *MARCHER*.

INFINITIF.

PRÉSENT.	PASSÉ.
Marcher.	Avoir marché.

INDICATIF.

PRÉSENT.	PARFAIT ANTÉRIEUR.
Je marche.	J'eus marché.
Tu marches.	Tu eus marché.
Il marche.	Il eut marché.
Nous marchons.	Nous eûmes marché.
Vous marchez.	Vous eûtes marché.
Ils marchent.	Ils eurent marché.

IMPARFAIT.	PLUS-QUE-PARFAIT.
Je marchais.	J'avais marché.
Tu marchais.	Tu avais marché.
Il marchait.	Il avait marché.
Nous marchions.	Nous avions marché.
Vous marchiez.	Vous aviez marché.
Ils marchaient.	Ils avaient marché.

PARFAIT DÉFINI.	FUTUR.
Je marchai.	Je marcherai.
Tu marchas.	Tu marcheras.
Il marcha.	Il marchera.
Nous marchâmes.	Nous marcherons.
Vous marchâtes.	Vous marcherez.
Ils marchèrent.	Ils marcheront.

PARFAIT INDÉFINI.	FUTUR ANTÉRIEUR.
J'ai marché.	J'aurai marché.
Tu as marché.	Tu auras marché.
Il a marché.	Il aura marché.
Nous avons marché.	Nous aurons marché.
Vous avez marché.	Vous aurez marché.
Ils ont marché.	Ils auront marché.

CONDITIONNEL.

PRÉSENT.	PASSÉ (première forme).
Je marcherais.	J'aurais marché.
Tu marcherais.	Tu aurais marché.
Il marcherait.	Il aurait marché.
Nous marcherions.	Nous aurions marché.
Vous marcheriez.	Vous auriez marché.
Ils marcheraient.	Ils auraient marché.

PASSÉ (seconde forme).

J'eusse marché.
Tu eusses marché.
Il eût marché.
Nous eussions marché.
Vous eussiez marché.
Ils eussent marché.

IMPÉRATIF.

PRÉSENT.	PASSÉ.
Marche.	Aie marché.
Marchons.	Ayons marché.
Marchez.	Ayez marché.

SUBJONCTIF.

PRÉSENT.	PARFAIT.
Que je marche.	Que j'aie marché.
Que tu marches.	Que tu aies marché.
Qu'il marche.	Qu'il ait marché.
Que nous marchions.	Que nous ayons marché.
Que vous marchiez.	Que vous ayez marché.
Qu'ils marchent.	Qu'ils aient marché.

IMPARFAIT.	PLUS-QUE-PARFAIT.
Que je marchasse.	Que j'eusse marché.
Que tu marchasses.	Que tu eusses marché.
Qu'il marchât.	Qu'il eût marché.
Que nous marchassions.	Que nous eussions marché.
Que vous marchassiez.	Que vous eussiez marché.
Qu'ils marchassent.	Qu'ils eussent marché.

PARTICIPE.

PRÉSENT.	PASSÉ.
Marchant.	Marché, ayant marché.

179. — Nous donnons le verbe *tomber* comme modèle des verbes neutres conjugués avec *être*.

180. — CONJUGAISON DU VERBE NEUTRE *TOMBER*.

INFINITIF.

PRÉSENT.	PASSÉ.
Tomber.	Être tombé.

DU VERBE.

INDICATIF.

PRÉSENT.

Je tombe.
Tu tombes.
Il tombe.
Nous tombons.
Vous tombez.
Ils tombent.

IMPARFAIT.

Je tombais.
Tu tombais.
Il tombait.
Nous tombions.
Vous tombiez.
Ils tombaient.

PARFAIT DÉFINI.

Je tombai.
Tu tombas.
Il tomba.
Nous tombâmes.
Vous tombâtes.
Ils tombèrent.

PARFAIT INDÉFINI.

Je suis tombé.
Tu es tombé.
Il est tombé.
Nous sommes tombés.
Vous êtes tombés.
Ils sont tombés.

PARFAIT ANTÉRIEUR.

Je fus tombé.
Tu fus tombé.
Il fut tombé.
Nous fûmes tombés.
Vous fûtes tombés.
Ils furent tombés.

PLUS-QUE-PARFAIT.

J'étais tombé.
Tu étais tombé.
Il était tombé.
Nous étions tombés.
Vous étiez tombés.
Ils étaient tombés.

FUTUR.

Je tomberai.
Tu tomberas.
Il tombera.
Nous tomberons.
Vous tomberez.
Ils tomberont.

FUTUR ANTÉRIEUR.

Je serai tombé.
Tu seras tombé.
Il sera tombé.
Nous serons tombés.
Vous serez tombés.
Ils seront tombés.

CONDITIONNEL.

PRÉSENT.

Je tomberais.
Tu tomberais.
Il tomberait.
Nous tomberions.
Vous tomberiez.
Ils tomberaient.

PASSÉ (première forme).

Je serais tombé.
Tu serais tombé.
Il serait tombé.
Nous serions tombés.
Vous seriez tombés.
Ils seraient tombés.

PASSÉ (seconde forme).

Je fusse tombé.
Tu fusses tombé.
Il fût tombé.

Nous fussions tombés.
Vous fussiez tombés.
Ils fussent tombés.

IMPÉRATIF.

PRÉSENT.   PASSÉ.

Tombe.   Sois tombé.
Tombons.   Soyons tombés.
Tombez.   Soyez tombés.

SUBJONCTIF.

PRÉSENT.   PARFAIT.

Que je tombe.   Que je sois tombé.
Que tu tombes.   Que tu sois tombé.
Qu'il tombe.   Qu'il soit tombé.
Que nous tombions.   Que nous soyons tombés.
Que vous tombiez.   Que vous soyez tombés.
Qu'ils tombent.   Qu'ils soient tombés.

IMPARFAIT.   PLUS-QUE-PARFAIT.

Que je tombasse.   Que je fusse tombé.
Que tu tombasses.   Que tu fusses tombé.
Qu'il tombàt.   Qu'il fût tombé.
Que nous tombassions.   Que nous fussions tombés.
Que vous tombassiez.   Que vous fussiez tombés.
Qu'ils tombassent.   Qu'ils fussent tombés.

PARTICIPE.

PRÉSENT.   PASSÉ.

Tombant.   Tombé, étant tombé.

VERBES PRONOMINAUX.

181. — Les *Verbes pronominaux* présentent toujours dans leur conjugaison deux pronoms avant le verbe.

Ex. : *Je me* repens, *je m'*empare.

182. — Le premier pronom est sujet, le deuxième pronom est complément.

Je sujet, *me* (pour moi) complément.

183. — A la troisième personne, le premier pronom peut se remplacer par un nom :

Ex. : Paul *se* repent.

184. — Les Verbes *pronominaux* se conjuguent avec le verbe auxiliaire *être*.

Ex. : Je me *suis* repenti, je me *suis* emparé.

185. — Nous donnons comme modèle de verbe pronominal le verbe *s'emparer*.

186. — CONJUGAISON DU VERBE PRONOMINAL *S'EMPARER*.

INFINITIF.

PRÉSENT.
S'emparer.

PASSÉ.
S'être emparé.

INDICATIF.

PRÉSENT.
Je m'empare.
Tu t'empares.
Il s'empare.
Nous nous emparons.
Vous vous emparez.
Ils s'emparent.

PARFAIT ANTÉRIEUR.
Je me fus emparé.
Tu te fus emparé.
Il se fut emparé.
Nous nous fûmes emparés.
Vous vous fûtes emparés.
Ils se furent emparés.

IMPARFAIT.
Je m'emparais.
Tu t'emparais.
Il s'emparait.
Nous nous emparions.
Vous vous empariez.
Ils s'emparaient.

PLUS-QUE-PARFAIT.
Je m'étais emparé.
Tu t'étais emparé.
Il s'était emparé.
Nous nous étions emparés.
Vous vous étiez emparés.
Ils s'étaient emparés.

PARFAIT DÉFINI.
Je m'emparai.
Tu t'emparas.
Il s'empara.
Nous nous emparâmes.
Vous vous emparâtes.
Ils s'emparèrent.

FUTUR.
Je m'emparerai.
Tu t'empareras.
Il s'emparera.
Nous nous emparerons.
Vous vous emparerez.
Ils s'empareront.

PARFAIT INDÉFINI.
Je me suis emparé.
Tu t'es emparé.
Il s'est emparé.
Nous nous sommes emparés.
Vous vous êtes emparés.
Ils se sont emparés.

FUTUR ANTÉRIEUR.
Je me serai emparé.
Tu te seras emparé.
Il se sera emparé.
Nous nous serons emparés.
Vous vous serez emparés.
Ils se seront emparés.

CONDITIONNEL.

<table>
<tr><td>PRÉSENT.</td><td>PASSÉ (première forme).</td></tr>
<tr><td>Je m'emparerais.</td><td>Je me serais emparé.</td></tr>
<tr><td>Tu t'emparerais.</td><td>Tu te serais emparé.</td></tr>
<tr><td>Il s'emparerait.</td><td>Il se serait emparé.</td></tr>
<tr><td>Nous nous emparerions.</td><td>Nous nous serions emparés.</td></tr>
<tr><td>Vous vous empareriez.</td><td>Vous vous seriez emparés.</td></tr>
<tr><td>Ils s'empareraient.</td><td>Ils se seraient emparés.</td></tr>
</table>

PASSÉ (seconde forme).

Je me fusse emparé.
Tu te fusses emparé.
Il se fût emparé.
Nous nous fussions emparés.
Vous vous fussiez emparés.
Ils se fussent emparés.

IMPÉRATIF.

PRÉSENT.

Empare-toi.
Emparons-nous.
Emparez-vous.

SUBJONCTIF.

<table>
<tr><td>PRÉSENT.</td><td>PARFAIT.</td></tr>
<tr><td>Que je m'empare.</td><td>Que je me sois emparé.</td></tr>
<tr><td>Que tu t'empares.</td><td>Que tu te sois emparé.</td></tr>
<tr><td>Qu'il s'empare.</td><td>Qu'il se soit emparé.</td></tr>
<tr><td>Que nous nous emparions.</td><td>Que nous nous soyons emparés.</td></tr>
<tr><td>Que vous vous empariez.</td><td>Que vous vous soyez emparés.</td></tr>
<tr><td>Qu'ils s'emparent.</td><td>Qu'ils se soient emparés.</td></tr>
<tr><td>IMPARFAIT.</td><td>PLUS-QUE-PARFAIT.</td></tr>
<tr><td>Que je m'emparasse.</td><td>Que je me fusse emparé.</td></tr>
<tr><td>Que tu t'emparasses.</td><td>Que tu te fusses emparé.</td></tr>
<tr><td>Qu'il s'emparât.</td><td>Qu'il se fût emparé.</td></tr>
<tr><td>Que nous nous emparassions.</td><td>Que nous nous fussions emparés.</td></tr>
<tr><td>Que vous vous emparassiez.</td><td>Que vous vous fussiez emparés.</td></tr>
<tr><td>Qu'ils s'emparassent.</td><td>Qu'ils se fussent emparés.</td></tr>
</table>

PARTICIPE.

<table>
<tr><td>PRÉSENT.</td><td>PASSÉ.</td></tr>
<tr><td>S'emparant.</td><td>S'étant emparé.</td></tr>
</table>

VERBES IMPERSONNELS.

187. — Les verbes *impersonnels* n'ont jamais pour sujet un nom de *personne*, le sujet ordinaire est le Pronom *il*. On ne les emploie donc qu'à la troisième personne du singulier.

Ex. : Il *pleut*, il *tonne*, il *grêle*.

188. — Les verbes impersonnels se conjuguent avec l'auxiliaire *avoir*.

Ex. : Il *a* plu, il *a* tonné, il *a* grêlé.

189. — Nous donnons comme modèle du verbe impersonnel, le verbe *pleuvoir*.

INFINITIF.

PRÉSENT.	PASSÉ (peu usité).
Pleuvoir.	Avoir plu.

INDICATIF.

PRÉSENT.	PARFAIT ANTÉRIEUR.
Il pleut.	Il eut plu.
IMPARFAIT.	PLUS-QUE-PARFAIT.
Il pleuvait.	Il avait plu.
PARFAIT DEFINI.	FUTUR.
Il plut.	Il pleuvra.
PARFAIT INDÉFINI.	FUTUR ANTÉRIEUR.
Il a plu.	Il aura plu.

CONDITIONNEL.

PRÉSENT.	PASSÉ (première forme).
Il pleuvrait.	Il aurait plu.

PASSÉ (seconde forme).
Il eût plu.

SUBJONCTIF.

PRÉSENT.	IMPARFAIT.
Qu'il pleuve.	Qu'il plût.

PARFAIT.   PLUS-QUE-PARFAIT.
Qu'il ait plu.   Qu'il eût plu.

PARTICIPE.

PRÉSENT.   PASSÉ (peu usité).
Pleuvant.   Plu, ayant plu.

FORMATION DES TEMPS DANS LES VERBES.

190. — Il y a dans les verbes cinq *temps* que l'on appelle
primitifs, parce qu'ils servent à former les autres temps.

191. Les temps primitifs sont :

1° *Le présent de l'infinitif.*   Aimer.
2° *Le présent de l'indicatif.*   J'aime.
3° *Le parfait défini.*   J'aimai.
4° *Le participe présent.*   Aimant.
5° *Le participe passé.*   Aimé.

192. — Les temps formés par les temps primitifs s'appellent temps *dérivés*.

193. — *Du présent de l'infinitif* on forme le futur, en
ajoutant *ai*.

Aimer,   j'aimer | ai.
Finir,   je finir | ai.
Recevoir,   je recevr | ai.
Rendre,   je rendr | ai.

194. — Du *futur* on forme le *conditionnel* en ajoutant *s*.

J'aimerai,   j'aimerais.
Je finirai,   je finirais.
Je recevrai, je recevrais.
Je rendrai,   je rendrais.

195. — Du *présent de l'indicatif* on forme l'*impératif* en
retranchant le pronom.

J'aime,   aime.
Je finis,   finis.

Je reçois, reçois.
Je rends, rends.

196. — Du *présent de l'indicatif* on forme encore le *présent du subjonctif*, en le faisant précéder de *que* et en modifiant légèrement la terminaison.

J'aime,   que j'aime.
Je finis,   que je finisse.
Je reçois,   que je reçoive.
Je rends,   que je rende.

197. — Du *parfait défini* on forme *l'imparfait du subjonctif*, en le faisant précéder de *que* et en modifiant la terminaison.

J'aimai,   que j'aimasse.
Je finis,   que je finisse.
Je reçus,   que je reçusse.
Je rendis,   que je rendisse.

198. — Du *participe présent*, on forme *l'imparfait de l'indicatif* en le faisant précéder du pronom et en changeant *ant* en *ais*.

Aimant,   j'aimais.
Finissant,   je finissais.
Recevant,   je recevais.
Rendant,   je rendais.

199. — Du *participe passé*, on forme *tous les temps composés des verbes* à l'aide des verbes auxiliaires *avoir* et *être*.

J'ai *aimé*, je suis *aimé*, j'avais *aimé*, j'étais *aimé*, etc.

VERBES DÉFECTIFS ET VERBES IRRÉGULIERS.

200. — Les verbes *défectifs* sont ceux auxquels il manque des *modes* ou des *temps*.

Ex. : *Quérir*, qui n'est employé qu'à l'infinitif présent.

201. — Les Verbes *irréguliers* sont ceux qui dans quelques-unes de leurs formes s'écartent des modèles des quatre conjugaisons et des règles de la formation des temps (Voir pag. 193 et suiv.).

Ex. : *Aller*, je *vais*, j'*irai*, que j'*aille*.

202. — La liste des verbes défectifs et des verbes irréguliers forme le dernier chapitre de la grammaire. (Voyez paragraphe 250 et suivants.)

ACCORD DU VERBE.

203. — Le verbe s'accorde avec son sujet en *nombre* et en *personne*.

Ex. : Je chante, vous chantez.

Chante est au singulier et à la première personne parce que *je*, son sujet, est un pronom singulier de la première personne.

Chantez est au pluriel et à la deuxième personne parce que *vous*, son sujet, est un pronom pluriel de la deuxième personne.

204. — Quand un verbe a plusieurs sujets, il doit se mettre au pluriel.

Ex. : Pierre et Paul *chantent*.

Pierre et Paul appartiennent à la troisième personne et ils forment à eux deux un sujet pluriel; aussi le verbe *chantent* est à la troisième personne du pluriel.

CHAPITRE SIXIÈME.

DU PARTICIPE.

205. — Le *Participe* est un mot *variable* qui ressemble à un *adjectif* et qui se tire du verbe.

Ex. : Verbes : aimer.   Participes : aimant, aimé.
            finir.   finissant, fini.
            recevoir.   recevant, reçu.
            rendre,   rendant, rendu.

206. — On voit qu'il y a deux participes, le *participe présent*, toujours terminé en *ant*, et le *participe passé*, qui varie dans sa terminaison.

ACCORD DU PARTICIPE AVEC LE NOM.

207. — On voit souvent le Participe s'accorder comme *l'adjectif* avec le *nom* ou *substantif* auquel il se rapporte :

Ex. : Une robe *traînante*, des ouvrages *finis*, des lettres *reçues*, des services *rendus*.

208. — Il s'accorde aussi avec le pronom auquel il se rapporte.

Ex. : *Il* est *aimé, elle* est *aimée, ils* sont *aimés, elles* sont *aimées*.

Le livre *que* j'ai reçu, — *que* pronom représentant *livre*.
La lettre *que* j'ai reçue, — *que* pronom représentant *lettre*.

CHAPITRE SEPTIÈME.

DE L'ADVERBE.

209. — L'adverbe est un mot *invariable* qui sert à ajouter quelque chose à la signification du *verbe*.

Ex. : Alfred lit *bien*.
     Je viendrai *demain*.

Bien, demain, sont des adverbes.
210. — Il y a des adverbes de *temps,* comme *aujourd'hui, hier, demain, tantôt, quand*.
211. — Il y a des adverbes de *lieu,* comme : *Ici, là, voici, voilà, dedans, dehors, loin, où, en, y*.
212. — Il y a des adverbes de *manière,* comme : *bien, mal, savamment, simplement, même, comment*.

213. — Il y a des adverbes de *quantité*, comme : *beau-coup, peu, plus, moins, autant, encore, combien.*

214. — Il y a des adverbes d'*ordre*, comme : *première-ment, secondement, d'abord, ensuite.*

215. — Il y a des adverbes d'*affirmation*, comme : *oui, assurément, sans doute.*

216. — Il y a des adverbes de *négation*, comme : *non, ne, non pas, non plus, ne pas, point, nullement, jamais.*

217. — Il y a des adverbes de *doute*, comme : *peut-être, à peu près, probablement.*

CHAPITRE HUITIÈME.

DE LA PRÉPOSITION.

218. — La *Préposition* est un mot invariable qui se place devant les *Noms* ou *Substantifs* pour marquer un rapport de lieu, de temps, de manière.

Ex. : *Sur* le cheval, *dans* la maison, *depuis* la ville, *avec* Pierre.

Sur, dans, depuis, avec, sont des Prépositions.

219. — Le Substantif qui suit la Préposition s'appelle le *complément* ou *régime* de la Préposition : *cheval, maison, ville, avec*, sont les compléments de *sur, dans, depuis, avec.*

220. — La Préposition peut avoir pour complément ou régime un *Pronom* ou un *Verbe.*

Ex. : Devant *moi*, pour *voir.*

221. — Il y a des Prépositions qui marquent l'*origine*, la *propriété*, comme : *de, à.*

222. — Il y a des Prépositions qui marquent l'*ordre*, comme : *avant, après, pendant.*

223. — Il y a des Prépositions qui marquent le *temps*, comme : *pendant, dès, depuis, lors de.*

224. — Il y a des Prépositions qui marquent le *lieu*, la *distance*, comme : *dans, en, sur, sous, hors de, jusqu'à, loin de.*

225. — Il y a des Prépositions qui marquent le *but*, l'*opposition*, comme : *vers, pour, quant à, contre, malgré.*

226. — Il y a des Prépositions qui marquent la *manière*, le *moyen*, comme : *avec, sans, par, selon, suivant*, etc.

CHAPITRE NEUVIÈME.

DE LA CONJONCTION.

227. — La Conjonction est un mot *invariable* qui sert à lier entre eux les autres mots.

Ex. : Papa *et* maman ; je veux *que* tu viennes.

Et, que, sont des *Conjonctions.*

228. — Il y a des Conjonctions qui marquent la *liaison*, comme : *et, que, ni, ou, ou bien*, etc.

229. — Il y a des Conjonctions qui marquent l'*opposition*, comme : *mais, cependant, bien que, quoique*, etc.

230. — Il y a des Conjonctions qui marquent la *condition*, comme, *si, à moins que, sinon, soit que, pourvu que, à condition que*, etc.

231. — Il y a des Conjonctions qui marquent le *temps*, comme : *lorsque, pendant que, durant que, depuis que, tandis que, avant que, après que.*

232. — Il y a des Conjonctions qui marquent la *comparaison*, comme : *ainsi que, de même que, comme, autant que, plus que.*

233. — Il y a des Conjonctions qui marquent le *but*, la *cause*, comme : *afin que, pour que, de sorte que, puisque*, etc.

234. — Il y a des Conjonctions qui marquent le *raisonnement*, comme : *or, donc, par conséquent, ainsi, aussi, car*, etc.

CHAPITRE DIXIÈME.

DE L'INTERJECTION.

235. — L'*Interjection* est un mot invariable qui sert à marquer un sentiment vif, comme la joie, la douleur, l'étonnement :

Ex. : *Ah!* que je suis content!
Hélas! que j'ai mal !
Oh! que c'est beau!

Ah! hélas! oh! sont des Interjections.

236. — Il y a des Interjections qui marquent la *douleur*, comme : *Ah! ahi! aie! hola! holalà! hélas! ouf!*

237. — Il y a des Interjections qui marquent l'*étonnement* ou la *crainte*, comme : *ah! bah! ciel! Dieu! grand Dieu! ah! diable!*

238. — Il y a des Interjections qui marquent l'*admiration* ou la *joie*, comme : *ah! bon! bravo! bien! quel bonheur!*

239. — Il y a des Interjections qui marquent l'*aversion*, comme *fi! fi donc! baste! allons donc! pouoh!*

240. — Il y a des Interjections qui marquent l'*appel*, comme : *hein! hé! ohé! st'! st'!*

241. — Il y a des Interjections qui marquent l'*encouragement*, comme : *allons! bon! bien! courage!*

242. — Il y a des Interjections qui marquent la *défense de parler*, comme : *chut! paix! silence!*

CHAPITRE ONZIÈME.

ANALYSE GRAMMATICALE.

243. — Pour bien se rendre compte des mots que l'on emploie, il faut savoir les *analyser*.

244. — Analyser un mot, c'est dire d'abord *quelle est son espèce.*

245. — Si le mot à analyser est un Verbe, il faut dire à quel *temps*, à quel *mode*, à quelle *personne* il se trouve.

246. — Si le mot à analyser est un mot variable (article, nom, adjectif, participe), il y a lieu de dire l'*espèce*, le *genre, le nombre* : si c'est un *pronom*, on y ajoute la *personne.*

247. — Si le mot à analyser est un mot invariable (adverbe, préposition, conjonction, interjection), on se contente de dire quelle est son *espèce* et sa *signification*, c'est-à-dire ce qu'il *est*, et ce qu'il *marque.*

MODÈLES D'ANALYSE GRAMMATICALE.

PREMIER MODÈLE.

248. Le bon Dieu aime les enfants qui travaillent bien, et qui respectent toujours leurs parents, ainsi qu'il convient quand on a été bien élevé.

Le	article, masculin singulier.
bon	adjectif qualificatif masculin singulier.
Dieu	substantif propre, masculin singulier.
aime	verbe actif à la troisième personne du singulier du présent de l'indicatif, de la première conjugaison.
les	article masculin pluriel.
enfants	substantif commun, masculin pluriel.
qui	pronom relatif, masculin pluriel.
travaillent	verbe actif à la troisième personne du pluriel du présent de l'indicatif, de la première conjugaison, employé ici comme verbe neutre.
bien	adverbe de manière, invariable.
et	conjonction marquant la liaison, invariable.
qui	pronom relatif, masculin pluriel.
respectent	verbe actif, troisième personne du pluriel du présent de l'indicatif, de la première conjugaison.
toujours	adverbe de temps, invariable.
leurs	adjectif possessif, masculin pluriel.
parents	substantif commun, masculin pluriel.
ainsi que	conjonction marquant la comparaison, invariable.
il	pronom personnel de la troisième personne, masculin singulier.
convient	verbe neutre employé impersonnellement, troisième

personne du singulier du présent de l'indicatif, de
la deuxième conjugaison.

quand   adverbe de temps, employé comme conjonction mar-
             quant le temps, invariable.

on   pronom indéfini, invariable.

a   verbe auxiliaire à la troisième personne du singulier
             du présent de l'indicatif.

été   participe passé du verbe substantif *être* (*a été*, troi-
             sième personne du singulier du parfait indéfini du
             verbe auxiliaire *être*).

bien   adverbe de manière, invariable.

élevé.   participe passé passif masculin singulier du verbe
             actif élever, de la première conjugaison (*a été
             élevé*, troisième personne du singulier du parfait
             indéfini de l'indicatif du verbe passif *être élevé*).

SECOND MODÈLE.

249. Oh! pour plaire à Dieu, je veux être sage, répondit Marie.

Oh!   interjection marquant la joie, invariable.

pour   préposition marquant le but, invariable.

plaire   verbe neutre à l'infinitif présent, quatrième conju-
             gaison.

à   préposition marquant le but, invariable.

Dieu   substantif propre, masculin singulier.

je   pronom personnel de la première personne, féminin
             singulier.

veux   verbe actif à la première personne du singulier du
             présent de l'indicatif, de la troisième conjugaison.

être   verbe substantif auxiliaire *être*, infinitif présent.

sage   adjectif qualificatif, féminin singulier.

répondit   verbe actif à la troisième personne du singulier du
             parfait défini, de la quatrième conjugaison.

Marie.   substantif propre, féminin singulier.

CHAPITRE DOUZIÈME.

LISTE DES VERBES DÉFECTIFS ET DES VERBES IRRÉGULIERS DISPOSÉS PAR CONJUGAISON.

1ʳᵉ CONJUGAISON.

250. — **Aller** (verbe neutre). INDICATIF *présent* : je vais, tu vas, il va, nous allons, vous allez, ils vont. *Imparfait :* j'allais. *Parfait défini :* j'allai. *Parfait indéfini :* je suis allé. *Futur :* j'irai. *Impératif :* va, allons, allez. SUBJONCTIF *présent* : que j'aille, que tu ailles, qu'il aille, que nous allions, que vous alliez. *Imparfait* : que j'allasse. PARTICIPE *passé*, allé, allée. On dit avec l'adverbe *en : je m'en vais, tu t'en vas, nous nous en allons, vous vous en allez.*

251. — **Envoyer.** INDICATIF *présent :* j'envoie. *Futur :* j'enverrai.

252. — Dans les Verbes en *yer*, l'*i* remplace l'*y* devant *e* muet.

253. — **Placer.** INDICATIF *présent :* je place, tu places, il place, nous plaçons, vous placez, ils placent. *Imparfait :* je plaçais.

254. — Dans les Verbes en *cer*, on met une cédille sous le *c* devant *o, a*.

255. — **Manger.** INDICATIF *présent :* je mange, tu manges, il mange, nous mangeons, vous mangez, ils mangent.

256. — Dans les Verbes en *ger*, on garde l'*e* muet devant *a, o*.

257. — REMARQUE. — APPELER, fait *j'appelle ;* JETER fait *je jette*. La lettre *l* et la lettre *t* se doublent devant l'*e* muet dans la plupart des Verbes en *eler, eter*.

2ᵉ CONJUGAISON.

258. — **Acquérir.** INDICATIF *présent :* j'acquiers, tu acquiers, il acquiert, nous acquérons, vous acquérez, ils acquièrent. *Imparfait :* J'acquérais. *Parfait défini :* J'acquis, tu acquis, il acquit, nous acquîmes, vous acquîtes, ils acquirent. *Futur :* j'acquerrai, tu acquerras, etc. CONDITIONNEL : j'acquerrais, nous acquerrions. IMPÉRATIF : acquiers, acquérons, acquérez.. SUBJONCTIF *présent* : que j'acquière, que nous acquérions. *Imparfait :* que j'acquisse. PARTICIPE *présent* : acquérant. PARTICIPE *passé :* acquis, acquise.

259. — **Assaillir.** INDICATIF *présent :* j'assaille. *Imparfait :* j'assaillais. *Parfait défini :* j'assaillis. *Futur :* j'assaillirai. PARTICIPE *présent :* assaillant. PARTICIPE *passé :* assailli.

260. — **Bénir,** fait au participe passé : béni, bénie ou bénit, bénite.

Ex. : Un enfant *béni* de Dieu ; un chapelet *bénit.*

261. — **Bouillir** (verbe neutre). INDICATIF *présent :* je bous, tu bous, il bout, nous bouillons, vous bouillez, ils bouillent. *Imparfait :* je bouillais, nous bouillions. *Parfait défini :* je bouillis. *Parfait indéfini :* j'ai bouilli. *Futur* : je bouillirai. IMPÉRATIF : bous, bouillons. SUBJONCTIF *présent :* que je bouille, que nous bouillions, que vous bouilliez. *Imparfait :* que je bouillisse. PARTICIPE *présent :* bouillant. PARTICIPE *passé* : bouilli, bouillie.

262. — **Conquérir,** se conjugue sur acquérir, mais ne s'emploie pas beaucoup à d'autres temps qu'au *parfait défini* : je conquis; à l'*infinitif,* au PARTICIPE *présent :* conquérant, au PARTICIPE *passé :* conquis, conquise, et aux temps composés.

263. — **Courir** (verbe neutre). INDICATIF *présent :* je cours, tu cours, il court, nous courons, vous courez, ils courent. *Imparfait :* je courais. *Parfait défini :* je courus. *Parfait indéfini :* j'ai couru. *Futur :* je courrai. IMPÉRATIF : cours, courons. SUBJONCTIF *présent* : que je coure, que tu coures, qu'il coure, que nous courions, que vous couriez, qu'ils courent. *Imparfait :* que je courusse. PARTICIPE *présent* : courant. PARTICIPE *passé :* couru, courue.

Ainsi se conjuguent : *accourir, concourir, discourir, parcourir, recourir, secourir.*

264. — **Couvrir.** INDICATIF *présent :* je couvre, tu couvres, nous couvrons, vous couvrez, ils couvrent. *Imparfait* : je couvrais. *Parfait défini* : je couvris. *Futur :* je couvrirai. SUBJONCTIF *présent* : que je couvre, que nous couvrions. *Imparfait :* que je couvrisse. PARTICIPE *présent* : couvrant. PARTICIPE *passé* : couvert, couverte.

Ainsi se conjuguent : *découvrir, recouvrir.*

265. — **Cueillir.** INDICATIF *présent :* je cueille, tu cueilles, il cueille, nous cueillons, vous cueillez, ils cueillent. *Imparfait :* je cueillais, nous cueillions. *Parfait défini* : je cueillis. *Futur :* je cueillerai. SUBJONCTIF *présent :* que je cueille, que nous cueillions. PARTICIPE *présent* : cueillant. PARTICIPE *passé* : cueilli, cueillie.

Ainsi se conjuguent : *accueillir, recueillir.*

266. — **Dormir** (verbe neutre). INDICATIF *présent* : je dors, tu dors, il dort, nous dormons, vous dormez, ils dorment. *Imparfait :* je dormais. *Parfait défini* : je dormis. *Parfait indéfini :* j'ai dormi. *Futur :* je dormirai. IMPÉRATIF : dors. SUBJONCTIF *présent :* que je dorme, que tu dormes, que nous dormions. *Imparfait :* que je dormisse. PARTICIPE *présent* : dormant. PARTICIPE *passé* : ayant dormi.

Ainsi se conjuguent : *endormir, s'endormir.*

267. — **Fuir** (verbe neutre). INDICATIF *présent* : je fuis, tu fuis, il fuit, nous fuyons, vous fuyez, ils fuient. *Imparfait :* je fuyais, nous fuyions. *Parfait défini :* je fuis, nous fuîmes, ils fuirent. *Parfait indéfini :* j'ai fui. *Futur :* je fuirai. SUBJONCTIF *présent :* que je fuie, que nous fuyions. *Imparfait* : que je fuisse. PARTICIPE *présent* : fuyant. PARTICIPE *passé :* ayant fui. Ce verbe se conjugue avec *en, je m'enfuis, je me suis enfui.*

268. — **Haïr.** La lettre *h* est toujours aspirée dans ce verbe. INDICATIF *présent :* je hais, tu hais, il hait, nous

haïssons, vous haïssez, ils haïssent. *Imparfait* : je haïssais. IMPÉRATIF : hais, haïssons. PARTICIPE *passé :* haï, haïe, régulier d'ailleurs sauf l'emploi du tréma.

269. — **Mentir** (verbe neutre). INDICATIF *présent :* je mens, tu mens, il ment, nous mentons, vous mentez, ils mentent. *Imparfait :* je mentais. *Parfait défini* : je mentis. *Parfait indéfini* : j'ai menti. *Futur:* je mentirai. SUBJONCTIF *présent :* que je mente, que nous mentions. *Imparfait:* que je mentisse. PARTICIPE *présent :* mentant. PARTICIPE *passé :* ayant menti.

Ainsi se conjugue : *démentir.*

270. — **Mourir** (verbe neutre). INDICATIF *présent :* je meurs, tu meurs, il meurt, nous mourons, vous mourez, ils meurent. *Imparfait :* je mourais, nous mourions. *Parfait défini* : je mourus. *Parfait indéfini :* je suis mort. *Futur :* je mourrai. IMPÉRATIF : meurs. SUBJONCTIF *présent* : que je meure, que tu meures, qu'il meure, que nous mourions. *Imparfait* : que je mourusse. PARTICIPE *présent :* mourant. PARTICIPE *passé* : mort, morte.

271. — **Offrir**. INDICATIF *présent* : j'offre, nous offrons. (Ce verbe suit la conjugaison du verbe *couvrir*, voyez paragraphe 264.)

272. — **Ouvrir**. INDICATIF *présent :* j'ouvre, nous ouvrons. (Ce verbe suit la conjugaison du verbe *couvrir*, voyez paragraphe 264.)

273. — **Partir** (verbe neutre). INDICATIF *présent :* je pars, tu pars, il part, nous partons, vous partez, ils partent. *Imparfait* : je partais. *Parfait défini :* je partis. *Parfait indéfini :* je suis parti. *Futur :* je partirai. IMPÉRATIF : pars. SUBJONCTIF *présent* : que je parte, que nous partions. *Imparfait* : que je partisse. PARTICIPE *présent :* partant. PARTICIPE *passé :* parti, partie.

274. Repartir fait *repartant,* **répartir** fait *répartissant.*

275. Sentir. INDICATIF *présent :* je sens, tu sens, il sent, nous sentons, vous sentez, ils sentent. *Imparfait :* je sentais. *Parfait défini:* je sentis. *Futur* : je sentirai. SUBJONC-

TIF *présent* : que je sente, que nous sentions. *Imparfait* : que je sentisse. PARTICIPE *présent* : sentant. PARTICIPE *passé* : senti, sentie.

Ainsi se conjuguent : *consentir* et *ressentir*.

276. — **Servir** (verbe actif et neutre). INDICATIF *présent* : je sers, tu sers, il sert, nous servons, vous servez, ils servent. *Imparfait* : je servais. *Parfait défini* : je servis. *Parfait indéfini* : j'ai servi. *Futur* : je servirai. SUBJONCTIF *présent* : que je serve, que tu serves, que nous servions. *Imparfait* : que je servisse. PARTICIPE *présent* : servant. PARTICIPE *passé* : servi, servie.

Ainsi se conjugue *desservir*.

277. — **Asservir** fait *asservissant, j'asservissais*.

278. — **Sortir** (verbe neutre). INDICATIF *présent* : je sors, tu sors, il sort, nous sortons, vous sortez, ils sortent. *Imparfait* : je sortais. *Parfait défini* : je sortis. *Parfait indéfini* : je suis sorti. *Futur* : je sortirai. IMPÉRATIF : sors, sortons. SUBJONCTIF *présent* : que je sorte, que nous sortions. *Imparfait* : que je sortisse. PARTICIPE *présent* : sortant. PARTICIPE *passé* : sorti, sortie.

279. — **Assortir** fait *assortissant, j'assortissais*.

280. — **Souffrir**. INDICATIF *présent* : je souffre. *Imparfait* : je souffrais. *Parfait défini* : je souffris. *Parfait indéfini* : j'ai souffert. *Futur* : je souffrirai. IMPÉRATIF : souffre. SUBJONCTIF *présent* : que je souffre, que nous souffrions. *Imparfait* : que je souffrisse. PARTICIPE *présent* : souffrant. PARTICIPE *passé* : souffert, soufferte. •

281. — **Tenir**. INDICATIF *présent* : je tiens, tu tiens, il tient, nous tenons, vous tenez, ils tiennent. *Imparfait* : je tenais. *Parfait défini* : je tins. *Futur* : je tiendrai. IMPÉRATIF : tiens, tenons. SUBJONCTIF *présent* : que je tienne, que nous tenions. *Imparfait* : que je tinsse. PARTICIPE *présent* : tenant. PARTICIPE *passé* : tenu, tenue.

Ainsi se conjuguent les verbes composés de tenir : *contenir, obtenir, retenir*.

282. — **Tressaillir** (verbe neutre). INDICATIF *présent* :

Je tressaille, nous tressaillons. *Imparfait :* je tressaillais. *Parfait défini :* je tressaillis. *Parfait indéfini :* j'ai tressailli. *Futur :* je tressaillirai. SUBJONCTIF *présent :* que je tressaille, que nous tressaillions. *Imparfait :* que je tressaillisse. PARTICIPE *présent :* tressaillant. PARTICIPE *passé :* ayant tressailli.

283. — Venir (verbe neutre). INDICATIF *présent :* je viens, tu viens, il vient, nous venons, vous venez, ils viennent. *Imparfait :* je venais. *Parfait défini :* je vins. *Parfait indéfini :* je suis venu. IMPÉRATIF : viens. SUBJONCTIF *présent :* que je vienne, que nous venions. *Imparfait :* que je vinsse. PARTICIPE *présent :* venant. PARTICIPE *passé :* venu, venue.

Ainsi se conjuguent les verbes composés de venir, *devenir, parvenir, revenir,* etc.

284. — Vêtir. INDICATIF *présent :* je vêts, tu vêts, il vêt, nous vêtons, vous vêtez, ils vêtent. *Imparfait :* je vêtais. *Parfait défini :* je vêtis, nous vêtîmes. *Futur :* je vêtirai. IMPÉRATIF : vêts, vêtons, vêtez. SUBJONCTIF *présent :* que je vête, que nous vêtions. *Imparfait :* que je vêtisse. PARTICIPE *présent :* vêtant. PARTICIPE *passé :* vêtu, vêtue.

3e CONJUGAISON.

285. Asseoir, S'asseoir. On dit : j'assois et j'assieds, je m'assois et je m'assieds. Ce verbe est plus employé sous la forme pronominale, nous le conjuguerons ainsi :

INDICATIF *présent :* je m'assieds, tu t'assieds, il s'assied, nous nous asseyons, vous vous asseyez, ils s'asseyent. *Imparfait :* je m'asseyais, nous nous asseyions, vous vous asseyiez. *Parfait défini :* je m'assis. *Parfait indéfini :* je me suis assis. *Futur :* je m'assiérai. IMPÉRATIF : assieds-toi, asseyons-nous. SUBJONCTIF *présent :* que je m'asseye, que nous nous asseyions, que vous vous asseyiez. *Imparfait :* que je m'assisse. PARTICIPE *présent :* asseyant. PARTICIPE *passé :* assis, assise.

286. — Falloir (verbe impersonnel). INDICATIF *présent :*

il faut. *Imparfait* : il fallait. *Parfait défini* : il fallut. *Parfait indéfini* : il a fallu. *Futur* : il faudra. SUBJONCTIF *présent* : qu'il faille. *Imparfait* : qu'il fallût.

287. — **Mouvoir**. INDICATIF *présent* : je meus, tu meus, il meut, nous mouvons, vous mouvez, ils meuvent. *Imparfait* : je mouvais. *Parfait défini* : je mus. *Futur* : je mouvrai. IMPÉRATIF : meus, mouvons. SUBJONCTIF *présent* : que je meuve, que nous mouvions. *Imparfait* : que je musse. PARTICIPE *présent* : mouvant : PARTICIPE *passé* : mû, mue.

Ainsi se conjuguent : *émouvoir* et *s'émouvoir*.

288. — **Pouvoir** (verbe neutre). INDICATIF *présent* : je peux ou je puis, tu peux, il peut, nous pouvons, vous pouvez, ils peuvent. *Imparfait* : je pouvais. *Parfait défini* : je pus. *Parfait indéfini* : j'ai pu. *Futur* : je pourrai. SUBJONCTIF *présent* : que je puisse, que nous puissions. *Imparfait* : que je pusse. PARTICIPE *présent* : pouvant. PARTICIPE *passé* : ayant pu.

289. **Savoir**. INDICATIF *présent* : je sais, tu sais, il sait, nous savons, vous savez, ils savent. *Imparfait* : je savais. *Passé défini* : je sus. *Futur* : je saurai. IMPÉRATIF : sache, sachons. SUBJONCTIF *présent* : que je sache, que nous sachions. *Imparfait* : que je susse. PARTICIPE *présent* : sachant. PARTICIPE *passé* : su, sue.

290. — **Valoir** (verbe neutre). INDICATIF *présent* : je vaux, tu vaux, il vaut, nous valons, vous valez, ils valent. *Imparfait* : je valais. *Parfait défini* : je valus. *Parfait indéfini* : j'ai valu. *Futur* : je vaudrai. SUBJONCTIF *présent* : que je vaille, que tu vailles, qu'il vaille, que nous valions, que vous valiez, qu'ils vaillent. *Imparfait* : que je valusse. PARTICIPE *présent* : valant. PARTICIPE *passé* : ayant valu.

291. — **Prévaloir** se conjugue sur *valoir*, mais il fait au SUBJONCTIF *présent* : que je prévale, que tu prévales, qu'il prévale, que nous prévalions, qu'ils prévalent.

292. — **Voir**. INDICATIF *présent* : je vois, tu vois, il voit, nous voyons, vous voyez, ils voient. *Imparfait* : je

voyais, nous voyions. *Parfait défini :* je vis, nous vîmes. *Futur :* je verrai. *Impératif :* vois, voyons. Subjonctif *présent :* que je voie, que tu voies, qu'il voie, que nous voyions, que vous voyiez, qu'ils voient. *Imparfait :* que je visse. Participe *présent :* voyant. Participe *passé :* vu, vue.

293. — **Prévoir** se conjugue comme *voir*; mais il fait au *futur* : *je prévoirai*.

294. — **Pourvoir** se conjugue comme *voir*; mais il fait au *parfait défini* : je pourvus, au *futur* : je pourvoirai, à l'*imparfait du* Subjonctif : que je pourvusse.

295. — **Vouloir.** Indicatif *présent :* je veux, tu veux, il veut, nous voulons, vous voulez, ils veulent. *Imparfait :* je voulais. *Parfait défini* : je voulus. *Futur* : je voudrai. Impératif : veuille, veuillons, veuillez. Subjonctif *présent* : que je veuille, que tu veuilles, qu'il veuille, que nous voulions, que vous vouliez, qu'ils veuillent. *Imparfait* : que je voulusse. Participe *présent* : voulant. Participe *passé* : voulu, voulue.

4ᵉ CONJUGAISON.

296. — **Absoudre** (verbe défectif). Indicatif *présent* : j'absous, tu absous, il absout, nous absolvons, vous absolvez, ils absolvent. *Imparfait* : j'absolvais. *Futur* : j'absoudrai. Impératif : absous, absolvons. Subjonctif *présent :* que j'absolve, que nous absolvions, qu'ils absolvent. — Point de *parfait défini* ni d'*imparfait du Subjonctif*. Participe *présent* : absolvant. Participe *passé* : absous, absoute.

297. — **Résoudre.** Se conjugue comme *absoudre*; mais il a un *parfait défini*, je résolus, et un *imparfait du Subjonctif* : que je résolusse. Au participe *passé*, il fait : résous, résoute; résolu, résolue.

298. **Atteindre.** Indicatif *présent* : j'atteins, tu atteins, il atteint, nous atteignons, vous atteignez, ils at-

teignent. *Imparfait :* j'atteignais. *Parfait défini* : j'attei-gnis. *Futur* : j'atteindrai. Impératif : atteins, atteignons. Subjonctif *présent* : que j'atteigne, que tu atteignes, qu'il atteigne, que nous atteignions, que vous atteigniez, qu'ils atteignent. *Imparfait* : que j'atteignisse. Participe *présent* : atteignant : Participe *passé :* atteint, atteinte.

299.—*Astreindre, ceindre, feindre, peindre* se conjuguent comme *atteindre.*

300. — **Battre.** Indicatif *présent* : je bats, tu bats, il bat, nous battons, vous battez, ils battent. *Imparfait* : je battais. *Parfait défini* : je battis. *Futur* : je battrai. Impératif : bats, battons. Subjonctif *présent* : que je batte, que nous battions. *Imparfait* : que je battisse. Participe *présent* : battant. Participe *passé* : battu, battue.

Ainsi se conjuguent les verbes composés de *battre, abattre, combattre, débattre, rabattre, rebattre.*

301. — **Boire.** Indicatif *présent* : je bois, tu bois, il boit, nous buvons, vous buvez, ils boivent. *Imparfait* : je buvais. *Parfait défini* : je bus, nous bûmes, vous bûtes. *Futur* : je boirai. — Impératif : bois, buvons. Subjonctif *présent* : que je boive, que tu boives, que nous buvions. *Imparfait* : que je busse. Participe *présent* : buvant. Participe *passé* : bu, bue.

302. — **Braire** (verbe défectif et neutre), usité seule-ment dans : *il brait, il braira.*

303. — **Clore** (verbe défectif actif). Indicatif *présent* : je clos, tu clos, il clôt. *Futur* : je clorai. Participe *passé* : clos, close (ces seules formes sont usitées).

304. — **Eclore** (verbe défectif neutre). Indicatif *présent* : il éclôt, ils éclosent. *Futur* : il éclora, ils écloront. Participe *passé* : éclos, éclose (ce sont les seules formes usitées).

305. — **Conclure.** Indicatif *présent* : je conclus, tu conclus, il conclut, nous concluons, vous concluez, ils concluent. *Imparfait* : je concluais. *Parfait défini* : je conclus. *Futur* : je conclurai. Impératif : conclus, concluons.

Subjonctif *présent* : que je conclue, que tu conclues, qu'il conclue, que nous concluions, que vous concluiez, qu'ils concluent. *Imparfait* : que je conclusse. Participe *présent* : concluant. Participe *passé* : conclu, conclue.

Ainsi se conjugue *exclure*.

306. — Connaître. Indicatif *présent* : je connais, il connaît, nous connaissons. *Imparfait* : je connaissais. *Parfait défini* : je connus. *Futur* : je connaîtrai. Impératif : connais, connaissons. Subjonctif *présent* : que je connaisse. *Imparfait* : que je connusse. Participe *présent* : connaissant. Participe *passé* : connu, connue.

Ainsi se conjuguent les verbes composés de connaître, comme *méconnaître, reconnaître*.

307. — Coudre. Indicatif *présent* : je couds, tu couds, il coud, nous cousons, vous cousez, ils cousent. *Imparfait* : je cousais. *Parfait défini* : je cousis. *Futur* : je coudrai. Impératif : couds, cousons. Subjonctif *présent* : que je couse, que tu couses, que nous cousions. *Imparfait* : que je cousisse. Participe *présent* : cousant. Participe *passé* : cousu, cousue.

Ainsi se conjuguent *découdre, recoudre*.

308. — Craindre. Indicatif *présent* : je crains, tu crains, il craint, nous craignons, vous craignez, ils craignent. *Imparfait* : je craignais, nous craignions. *Parfait défini* : je craignis. *Futur* : je craindrai. Impératif : crains, craignons. Subjonctif *présent* : que je craigne, que nous craignions, que vous craigniez. *Imparfait* : que je craignisse. Participe *présent* : craignant. Participe *passé* : craint, crainte.

309. — Contraindre, se conjugue sur *craindre*.

310. — Croire. Indicatif *présent* : je crois, tu crois, il croit, nous croyons, vous croyez, ils croient. *Imparfait* : je croyais, nous croyions. *Parfait défini* : je crus, tu crus, il crut, nous crûmes, vous crûtes, ils crurent. *Futur* : je croirai. Impératif : crois, croyons. Subjonctif *présent* : que je croie, que tu croies, que nous croyions. *Imparfait* :

que je crusse. PARTICIPE *présent* : croyant. PARTICIPE *passé* : cru, crue.

311. — Croître (verbe neutre). INDICATIF *présent* : je croîs, tu croîs, il croît, nous croissons, vous croissez, ils croissent. *Imparfait :* je croissais, nous croissions. *Parfait défini* : je crûs, tu crûs, il crût, nous crûmes, vous crûtes, ils crûrent. *Parfait indéfini* : j'ai crû. *Futur* : je croîtrai. IMPÉRATIF : croîs, croissons. SUBJONCTIF *présent* : que je croisse, que nous croissions. *Imparfait* : que je crûsse. PARTICIPE *présent* : croissant. PARTICIPE *passé* : ayant crû.

Ainsi se conjuguent *accroître, décroître.*

312. — Dire. INDICATIF *présent* : je dis, tu dis, il dit, nous disons, vous dites, ils disent. *Imparfait* : je disais, nous disions. *Parfait défini* : je dis, tu dis, il dit, nous dîmes, vous dîtes, ils dirent. *Futur* : je dirai. IMPÉRATIF : dis, disons, dites. SUBJONCTIF *présent* : que je dise, que nous disions. *Imparfait* : que je disse, que nous dissions. PARTICIPE *présent* : disant. PARTICIPE *passé* : dit, dite.

313. — Les verbes composés de dire, comme *médire, contredire,* font vous *médisez,* vous *contredisez.*

Redire fait vous *redites.*

Maudire fait nous *maudissons,* vous *maudissez,* ils *maudissent,* toujours avec deux *s.*

314. — Ecrire. INDICATIF *présent* : j'écris, tu écris, il écrit, nous écrivons, vous écrivez, ils écrivent. *Imparfait* : j'écrivais. *Parfait défini* : j'écrivis. *Futur* : j'écrirai. IMPÉRATIF : écris, écrivons. SUBJONCTIF *présent* : que j'écrive, que nous écrivions. *Imparfait* : que j'écrivisse. PARTICIPE *présent* : écrivant. PARTICIPE *passé* : écrit, écrite.

Ainsi se conjuguent les verbes composés d'écrire : *décrire, récrire, transcrire, circonscrire.*

315. — Faire. INDICATIF *présent* : je fais, tu fais, il fait, nous faisons, vous faites, ils font. *Imparfait* : je faisais, nous faisions. *Parfait défini* : je fis, tu fis, il fit, nous fîmes, vous fîtes, ils firent. *Futur* : je ferai. IMPÉRATIF : fais, faisons. SUBJONCTIF *présent* : que je fasse, que nous

fassions. *Imparfait* : que je fisse, que nous fissions. PARTI-
CIPE *présent* : faisant. PARTICIPE *passé* : fait, faite.[1]

Ainsi se conjuguent les verbes composés de faire, *con-*
trefaire, défaire, refaire.

316. — Frire (verbe neutre défectif). INDICATIF *présent* :
je fris, tu fris, il frit. *Futur* : je frirai, tu friras, il frira,
nous frirons, vous frirez, ils friront. IMPÉRATIF : fris.
PARTICIPE *passé* : frit, frite (comme si le Verbe était actif).
Il n'est usité qu'aux formes indiquées ici.

317. — Instruire. INDICATIF *présent* : j'instruis, nous
instruisons, ils instruisent. *Imparfait* : j'instruisais. *Par-*
fait défini : j'instruisis. *Futur* : j'instruirai. IMPÉRATIF :
instruis, instruisons. SUBJONCTIF *présent* : que j'instruise,
que nous instruisions. *Imparfait* : que j'instruisisse. PAR-
TICIPE *présent* : instruisant. PARTICIPE *passé* : instruit, in-
struite.

Ainsi se conjuguent un grand nombre de verbes terminés en *uire*, tels que : *conduire, construire, cuire* (neutre et
actif), *déduire, détruire, enduire, produire, réduire, sé-*
duire.

318. — Joindre. INDICATIF *présent* : je joins, tu joins,
il joint, nous joignons, vous joignez, ils joignent. *Impar-*
fait : je joignais, nous joignions. *Parfait défini* : je joi-
gnis. *Futur* : je joindrai. IMPÉRATIF : joins, joignons.
SUBJONCTIF *présent* : que je joigne, que nous joignions. *Im-*
parfait : que je joignisse. PARTICIPE *présent* : joignant.
PARTICIPE *passé* : joint, jointe.

Ainsi se conjuguent les verbes composés de joindre, tels
que *conjoindre, disjoindre, rejoindre.*

319. — Lire. INDICATIF *présent* : je lis, tu lis, il lit,
nous lisons, vous lisez, ils lisent. *Imparfait* : je lisais.
Parfait défini : je lus. *Futur* : je lirai. IMPÉRATIF : lis, li-
sons. SUBJONCTIF *présent* : que je lise, que nous lisions.
Imparfait : que je lusse. PARTICIPE *présent* : lisant. PAR-
TICIPE *passé* : lu, lue.

Ainsi se conjuguent les verbes composés de lire, *élire,*
réélire, relire.

320.— Luire (verbe neutre défectif). INDICATIF *présent* :. luis, tu luis, il luit, nous luisons, vous luisez, ils luisent. *Imparfait* : je luisais. (Pas de parfait défini.) *Parfait indéfini* : j'ai lui. *Futur* : je luirai. IMPÉRATIF : luis. SUBJONCTIF *présent* : que je luise, que nous luisions. (Pas d'imparfait.) PARTICIPE *présent* : luisant. PARTICIPE *passé* : ayant lui.

Ainsi se conjugue *reluire*.

321. — Mettre. INDICATIF *présent* : je mets, tu mets, il met, nous mettons, vous mettez, ils mettent. *Imparfait* : je mettais. *Parfait défini* : je mis. *Futur* : je mettrai. IMPÉRATIF : mets, mettons. SUBJONCTIF *présent* : que je mette, que nous mettions. *Imparfait* : que je misse, que nous missions. PARTICIPE *présent* : mettant. PARTICIPE *passé* : mis, mise.

Ainsi se conjuguent les verbes composés de mettre, tels que *admettre, commettre, démettre, remettre, soumettre*.

322. Moudre. INDICATIF *présent* : je mouds, tu mouds, il moud, nous moulons, vous moulez, ils moulent. *Imparfait* : je moulais, nous moulions. *Parfait défini* : je moulus. *Futur* : je moudrai. IMPÉRATIF : mouds, moulons. SUBJONCTIF *présent* : que je moule, que nous moulions. *Imparfait* : que je moulusse, que nous moulussions. PARTICIPE *présent* : moulant. PARTICIPE *passé* : moulu, moulue.

323. — Naître (verbe neutre). INDICATIF *présent* : je nais, tu nais, il naît, nous naissons, vous naissez, ils naissent. *Imparfait* : je naissais. *Parfait défini* : je naquis, nous naquîmes. *Parfait indéfini* : je suis né. *Futur* : je naîtrai. IMPÉRATIF : nais, naissons. SUBJONCTIF *présent* : que je naisse, que nous naissions. *Imparfait* : que je naquisse. PARTICIPE *présent* : naissant. PARTICIPE *passé* : étant né, étant née.

Ainsi se conjugue *renaître* ; il manque de participe passé et par conséquent de temps composés.

324. — Nuire, se conjugue comme *luire* : mais il possède le *parfait défini* : je nuisis, et l'*Imparfait du Subjonctif* : que je nuisisse.

325. — **Paître** (verbe neutre actif et défectif). INDICATIF *présent* : je pais, tu pais, il paît, nous paissons, vous paissez, ils paissent. *Imparfait* : je paissais. (Pas de *parfait défini*, ni d'*imparfait du Subjonctif.*) *Futur* : je paîtrai. IMPÉRATIF : paissons. SUBJONCTIF *présent* : que je paisse, que nous paissions. PARTICIPE *présent* : paissant.

326. — **Repaître** se conjugue de même que *paître* : il a de plus : le *parfait défini* : je repus, et le *participe passé* : repu, repue.

327. — **Paraître** se conjugue comme *connaître*. (Voir paragraphe 306.)

328. — **Plaire** (verbe neutre). INDICATIF *présent* : je plais, tu plais, il plaît, nous plaisons, vous plaisez, ils plaisent. *Imparfait* : je plaisais. *Parfait défini* ; je plus. *Parfait indéfini* : j'ai plu. *Futur* : je plairai. SUBJONCTIF *présent* : que je plaise, que nous plaisions. *Imparfait* : que je plusse, que nous plussions. PARTICIPE *présent* : plaisant. PARTICIPE *passé* : ayant plu.

Ainsi se conjuguent les verbes *déplaire, complaire.*

329. — **Plaindre** se conjugue sur *craindre*. (Voir paragraphe 308.)

330.—**Prendre.** INDICATIF *présent* : je prends, tu prends, il prend, nous prenons, vous prenez, ils prennent. *Imparfait* : je prenais. *Parfait défini* : je pris. *Futur* : je prendrai. IMPÉRATIF : prends, prenons. SUBJONCTIF *présent* : que je prenne. *Imparfait* : que je prisse. PARTICIPE *présent* : prenant. PARTICIPE *passé* : pris, prise.

Ainsi se conjuguent les verbes composés de prendre, *apprendre, comprendre, méprendre, reprendre.*

331. — **Rire** (verbe neutre). INDICATIF *présent* : je ris, tu ris, il rit, nous rions, vous riez, ils rient. *Imparfait* : je riais, nous riions, vous riiez. *Parfait défini* : je ris, tu ris, il rit, nous rîmes, vous rîtes, ils rirent. *Parfait indéfini* : j'ai ri. IMPÉRATIF : ris. SUBJONCTIF *présent* : que je rie, que tu ries, qu'il rie, que nous riions, que vous riiez, qu'ils rient. *Imparfait* : que je risse (peu usité). PARTICIPE *présent* : riant. PARTICIPE *passé* : ayant ri.

Ainsi se conjugue *sourire*.

332. Rompre. INDICATIF *présent* : je romps, tu romps, il rompt, nous rompons. *Imparfait* : je rompais. *Parfait défini* : je rompis. *Futur* : je romprai. IMPÉRATIF : romps. SUBJONCTIF *présent* : que je rompe, que nous rompions. *Imparfait* : que je rompisse. PARTICIPE *présent* : rompant. PARTICIPE *passé* : rompu, rompue.

Ainsi se conjuguent : *corrompre, interrompre*.

333. — Suffire (verbe neutre et défectif). INDICATIF *présent* : je suffis, tu suffis, il suffit, nous suffisons, vous suffisez, ils suffisent. *Imparfait* : je suffisais. *Parfait défini* : je suffis, nous suffîmes. *Parfait indéfini* : j'ai suffi. *Futur* : je suffirai. IMPÉRATIF : suffis. SUBJONCTIF *présent* : que je suffise, que nous suffisions. PARTICIPE *présent* : suffisant. PARTICIPE *passé* : ayant suffi.

334. — Suivre. INDICATIF *présent* : je suis, tu suis, il suit, nous suivons, vous suivez, ils suivent. *Imparfait* : je suivais. *Parfait défini* : je suivis. *Futur* : je suivrai. IMPÉRATIF : suis, suivons. SUBJONCTIF *présent* : que je suive, que nous suivions. *Imparfait* : que je suivisse, que nous suivissions. PARTICIPE *présent* : suivant. PARTICIPE *passé* : suivi, suivie.

Ainsi se conjugue *poursuivre*.

335. — Taire, se Taire (verbe actif pronominal) s'emploie plus souvent dans cette dernière forme. INDICATIF *présent* : je me tais, tu te tais, nous nous taisons, vous vous taisez, ils se taisent. *Imparfait* : je me taisais. *Parfait défini* : je me tus, il se tut, ils se turent. *Parfait indéfini* : je me suis tu. *Futur* : je me tairai. IMPÉRATIF : tais-toi. SUBJONCTIF *présent* : que je me taise, que nous nous taisions. *Imparfait* : que je me tusse. PARTICIPE *présent* : se taisant. PARTICIPE *passé* : s'étant tu, s'étant tue.

336. — Traire. INDICATIF *présent* : je trais, tu trais, il trait, nous trayons, vous trayez, ils traient. *Imparfait* : je trayais, nous trayions. (Pas de *parfait défini* ni d'*imparfait du Subjonctif*.) *Futur* : je trairai. IMPÉRATIF : trais, trayons. SUBJONCTIF *présent* : que je traie, que tu traies, que nous trayions, que vous trayiez, qu'ils traient. PARTICIPE *présent* : trayant. PARTICIPE *passé* : trait, traite.

337. — **Vaincre**. INDICATIF *présent* : je vaincs, tu vaincs, il vainc, nous vainquons, vous vainquez, ils vainquent. *Imparfait* : je vainquais. *Parfait défini* : je vainquis, nous vainquîmes. *Futur* : je vaincrai. IMPÉRATIF : vaincs, vainquons. SUBJONCTIF *présent* : que je vainque, que nous vainquions. *Imparfait* : que je vainquisse. PARTICIPE *présent* : vainquant. PARTICIPE *passé* : vaincu, vaincue.

Ainsi se conjugue *convaincre*.

338. — **Vivre** (verbe neutre). INDICATIF *présent* : je vis, tu vis, il vit, nous vivons, vous vivez, ils vivent. *Imparfait* : je vivais, nous vivions. *Parfait défini* : je vécus, nous vécûmes. *Parfait indéfini* : j'ai vécu. *Futur* : je vivrai. IMPÉRATIF : vis, vivons. SUBJONCTIF *présent* : que je vive, que nous vivions. *Imparfait* : que je vécusse, que nous vécussions. PARTICIPE *présent* : vivant. PARTICIPE *passé* : ayant vécu.

Ainsi se conjuguent *revivre, survivre*.

FIN DE LA GRAMMAIRE.

EXERCICES.

1.

Bon papa et bonne maman sont venus voir maman qui est malade. Mon frère et ma sœur m'ont dit de ne pas faire de bruit pour que ma bonne mère puisse dormir. Papa m'a conduit chez mon oncle; ma tante a été chercher mon cousin et ma cousine. J'ai trouvé ma nourrice en chemin avec mon parrain et ma marraine. J'ai embrassé le petit poupon de ma tante. Ce bébé est bien joli, mais il n'est pas toujours sage. L'aîné de mes cousins est déjà bien grand ; il va à l'école, et il est bien savant. On est content de lui. Mon frère Cyprien est plus petit que mon cousin Charles, mais ma sœur Adèle est plus grande que ma cousine Julie.

(Faire servir ce premier exercice à distinguer les voyelles des autres lettres.)
Voyez la Grammaire, paragraphes 4, 5, 6.

2.

LES JEUX.

Bonjour, Monsieur; bonjour, Madame. — Bonjour, mon petit ami. Vous venez nous visiter? Oui, Madame, je viens voir Alfred, et je désire jouer avec lui. Il est dans le jardin avec deux camarades. Allez le trouver et ne vous faites pas de mal en vous amusant. Si vous jouez à la balançoire, ne vous lancez pas trop fort et tenez-vous bien solidement : si vous jouez aux billes, n'en mettez pas dans votre bouche, on peut les avaler en courant. Si vous jouez à la balle ne vous la jetez pas dans les yeux : si vous jouez aux boules, prenez garde à vos jambes. Les jeux où l'on joue plusieurs ensemble sont les plus dangereux. Seul on peut jouer au cerceau. Il faut être deux pour lancer un cerf-volant. On peut se servir du bilboquet dans une chambre. Les quilles sont bonnes dans un jardin. La toupie demande de la force et de l'adresse.

(Faire servir cet exercice à distinguer les consonnes.)]
Voyez la Grammaire, paragraphe 6.

3.

LA NOURRITURE. — LES LÉGUMES.

Le pain se fait avec la farine du blé : il est cuit dans le four. La viande est la chair des animaux que l'on élève pour se nourrir. L'eau des fontaines est bonne à boire. Le vin se fait avec le jus du raisin que l'on presse et que l'on met dans des tonneaux. Les légumes poussent dans les jardins et dans les champs ; ce sont les pommes de terre, les haricots, les choux, les navets, les carottes, les lentilles, les salsifis, les betteraves, les épinards, l'oseille, les artichauts, les pois, les asperges, les cardons, le céleri, les citrouilles, les potirons, les melons, les concombres, les cornichons, les patates, les topinambours, les raves, les choux-raves, les champignons, les tomates, les piments ou poivres longs, les radis, les poireaux, les oignons, l'ail, la salade. Il y a bien des espèces de salades : la laitue, la romaine, l'escarole, le pourpier, la mâche, le pissenlit, la chicorée, la barbe de capucin, la raiponce.

(Faire servir cet exercice à la séparation des mots en syllabes.)
Voyez la Grammaire, paragraphes 7, 8.

4.

LES FRUITS.

Après la viande et les légumes, on mange encore les fruits des arbres à la fin du repas. Les pommes, les poires, les coings, les prunes, les pêches, les abricots, les noix, les noisettes, viennent sur des arbres que l'on appelle des pommiers, des poiriers, des cognassiers, des pruniers, des pêchers, des abricotiers, des noyers, des noisetiers. La vigne donne du raisin, le figuier donne des figues, les fraises poussent sur les fraisiers qui ne sont pas des arbres mais de petites plantes toutes basses. Les framboises se trouvent sur des arbustes appelés framboisiers. Les groseilliers portent des groseilles ; il y en a de noires que l'on appelle des cassis. Les cerisiers donnent des cerises ; les mûriers des mûres, les abricotiers des abricots ; les marrons et les châtaignes poussent sur les châtaigniers : ils ont une écorce piquante. Les orangers, les citronniers, les grenadiers ne donnent des fruits que dans les pays chauds.

(Faire servir cet exercice à marquer les trois accents : aigu, grave, circonflexe.)

Voyez la Grammaire, paragraphes 11, 12, 13, 14, 15.

5.

LE CORPS HUMAIN.

La tête de l'homme est placée sur le cou, elle est garnie de cheveux ; au bas du front sont les yeux surmontés des sourcils. Le nez occupe le milieu du visage ; au-dessous est la bouche ; quand les lèvres s'ouvrent, on aperçoit les dents ; derrière les dents se tient la langue ; le bas du visage se termine par le menton. Des deux côtés du nez s'étendent les joues, et derrière les joues sont les oreilles ; de chaque côté du cou sont placées les épaules ; du haut des épaules descendent les bras : chaque bras se plie vers le milieu qu'on appelle le coude et se termine par la main qui a cinq doigts : le pouce, l'indicateur, le médius, l'annulaire, l'auriculaire ou petit doigt. Au-dessous des épaules, on voit la poitrine qui est bombée ; derrière la poitrine est le dos, au-dessous de la poitrine est le ventre, de chaque côté sont les hanches. Le corps est posé comme sur deux colonnes qu'on appelle les jambes ; le haut de la jambe est la cuisse ; au milieu de la jambe est le genou qui se plie ; au bas de la jambe s'attache le pied qui a cinq doigts comme la main ; le gros doigt du pied s'appelle le gros orteil, le derrière du pied s'appelle le talon, le dessous est la plante.

(Faire servir cet exercice à marquer l'usage de l'apostrophe, les trois sortes d'e les voyelles longues, les deux h.)

Voyez la Grammaire, paragraphes 20, 28, 29, 80, 31, 32, 33.

6.

L'ÉCOLE.

A l'école, le maître montre aux enfants à lire, à écrire, et à compter. Pour lire, il faut des livres ; pour écrire, il faut une plume, de l'encre et du papier. L'enfant paresseux n'aime pas à lire ; l'enfant indocile n'aime pas à obéir. L'enfant laborieux s'applique à écrire. Si je m'applique à bien écrire ma page, j'aurai un bon point. Nous avons lu déjà tout notre livre; nous le recommencerons. — Oh ! ce n'est pas amusant de lire toujours la même chose. C'est en lisant le même livre que l'on apprend à bien prononcer les mots. Regardons les objets qui sont dans l'école et disons leurs noms. Il y a la chaise du maître; les enfants s'asseoient sur des bancs. Il y a des tables pour écrire, des encriers dans les tables. Le maître a une petite table pour lui seul. Il y a des cartons attachés au mur. Nous apportons nos plumes et nos cahiers avec nos livres de leçons. Paul est à genoux dans un coin. Joseph a le bonnet d'âne sur la tête. Victor a reçu un bon point.

(Faire servir cet exercice à reconnaître quelques-unes des dix espèces de mots; ne s'arrêter qu'aux plus faciles.)
Voyez la grammaire, paragraphes 37, 38, 39, 40, 41, 42, 43, 44, 45, 46.

7.

LES NOMS DES CAMARADES, LES NOMS DES ANIMAUX.

Quand je veux appeler mes camarades, je dis leurs noms : Paul, Joseph, Victor, Amédée, Hippolyte, Germain, Frédéric. Quand je veux désigner les animaux que je connais, je dis leurs noms : le cheval, le chien, le chat, l'âne, l'oie, le canard, les poules, le coq, le poulet, le pigeon, les dindons, les petits poussins, le bœuf, la vache, le veau, le mouton, l'agneau, la chèvre, le chevreau, le serpent, la vipère, le lapin, le lièvre, le rat, la souris, la fouine. Les oiseaux habitent les airs, ils ont le corps couvert de plumes. Les serpents se cachent dans les vieux murs et dans les taillis ; ils ont le corps couvert d'écailles. Les poissons habitent dans l'eau. Ils ont aussi des écailles sur le corps. Il y a des bêtes que l'on ne voit pas souvent : ce sont des gens qui les montrent à la foire. Les ménageries renferment des animaux féroces, des lions, des tigres, des panthères, des hyènes, des jaguars, des ours, des loups. On montre aussi quelquefois des éléphants, des chameaux, des girafes, des autruches, des serpents, des tortues.

(Faire servir cet exercice à constater l'emploi du nom propre et du nom commun.)

Voyez la grammaire, paragraphes 47, 48, 49.

8.

SUITE DES ANIMAUX.

Le lion et la lionne sont le père et la mère des petits lionceaux. Le tigre et la tigresse élèvent leurs petits dans les fourrés épais. En parlant des hommes, on dit la bouche ; en parlant des animaux, on dit la gueule ; en parlant des oiseaux, on dit le bec. Un chien, un renard ont un museau, le cheval a des naseaux ; un porc a un groin. Le corbeau est tout noir ; la pie est mêlée de noir et de blanc. Le cri du lion s'appelle un rugissement ; le cri du cheval un hennissement, celui du mouton un bêlement. On dit que le serin chante, que la poule glousse, que le serpent siffle, que l'âne brait, que l'abeille bourdonne, que le chien aboie, que le cerf brame, que le pigeon roucoule, que le loup hurle. Le mulot est une petite souris qui vit dans les champs ; la taupe habite sous la terre, et fait en sortant de petits tas que l'on appelle des taupinées.

(Faire servir cet exercice à reconnaître le genre dans les substantifs.)

Voyez la grammaire, paragraphes 50, 51, 52, 56, 57, 58.

9.

SUITE DES ANIMAUX, LE GIBIER, ETC.

On appelle gibier les bêtes que l'on tue à la chasse pour les manger, comme le lapin, le lièvre, la perdrix, la grive, le chevreuil, le sanglier, le cerf, le canard sauvage, le pigeon ramier, le merle, la sarcelle, l'alouette, la bécasse. On voit arriver sur le marché de Paris des lapins, des lièvres, des perdrix, des grives, des chevreuils, des sangliers, des cerfs, des canards sauvages, des pigeons ramiers, des merles, des sarcelles, des alouettes, des bécasses. Les moineaux sont trop maigres pour être un bon manger ; les agneaux et les chevreaux sont un mets assez délicat ; il ne faut pas tuer les veaux trop jeunes ; ne mangeons que dans leur meilleur temps, le moineau, le chevreau, l'agneau. Deux bêtes bien laides sont la chouette et le hibou : j'ai peur des chouettes et des hiboux. En tombant sur les cailloux, Georges s'est écorché les genoux. Il est obligé de rester à la maison et de jouer avec ses joujoux. Il est assis sur son cheval de bois, quoiqu'il aime mieux les autres chevaux. Mon perroquet a mal à un œil, ma perruche a mal aux deux yeux. On dit que le ciel est pur quand il est bien bleu. Le bon Dieu habite le ciel, puisqu'en faisant notre prière nous disons : Notre Père qui êtes aux cieux. Des colliers, des bagues, des boucles d'oreilles, sont ce qu'on appelle des bijoux.

(Faire servir cet exercice pour reconnaître le nombre des substantifs et former le pluriel de quelques-uns.)

Voyez la grammaire, paragraphes 53, 54, 55, 59, 60, 61, 62, 63.

10.

SUITE DES ANIMAUX, LEURS HABITUDES.

La guêpe se sert d'un aiguillon pour piquer ceux qui l'attaquent. Les animaux féroces déchirent leur proie avec leurs dents et avec leurs griffes. Le chien lape avec sa langue au lieu de boire comme nous. Les limaçons se cachent dans leur coquille. Les limaces détruisent tout dans les jardins. Le cri du hibou est désagréable. La laine du mouton sert à faire du drap. L'araignée file une toile très-fine pour y prendre les mouches. La grenouille ressemble au crapaud, mais ses pattes sont beaucoup plus longues et son corps d'une couleur plus claire. Les hannetons déposent dans la terre des œufs d'où naissent de gros vers blancs qui détruisent la racine des plantes. Le rossignol est l'oiseau qui chante le mieux. Le singe ressemble beaucoup à l'homme. La sangsue est un ver presque noir qui suce le sang de l'homme et des animaux. On donne le nom de quadrupèdes aux animaux qui ont quatre pieds. Le paon étale sur les plumes de sa queue les plus belles couleurs.

(Faire servir cet exercice à l'étude de l'article.)
Voyez la grammaire, paragraphes 64, 65, 66, jusqu'à 72.

11.

SUITE DES ANIMAUX ET DE LEURS HABITUDES.

Le merle est un oiseau qui a le corps noir et le bec jaune. La raie est un poisson plat et large ; la sole est un poisson étroit et long, moins gros et plus délicat que la raie. L'anguille est noire et gluante ; elle ressemble à un vilain serpent. Le serin est un oiseau jaune ou vert, très-doux et d'une humeur gaie. Le thon est un poisson dont le corps devient aussi gros que celui d'un homme, la chair en est fort délicate. La tortue est protégée par une écaille solide. La vipère est un serpent assez petit avec une tête large ; elle saute aux jambes et mord avec une dent qui contient un venin dangereux. Les oiseaux sont habiles à fabriquer des nids pour y déposer leurs œufs. C'est une mauvaise action que de dénicher les petits oiseaux. Le pinson sautille toujours ; ce qui fait dire : il est gai comme un pinson.

(Faire servir cet exercice à l'étude de l'adjectif.)
Voyez la grammaire, paragraphes 73, 74, 75.

12.

SUITE DES ANIMAUX ET DE LEURS HABITUDES.

L'ours est une bête sauvage et cruelle. On appelle carnassiers les animaux qui tuent les autres bêtes pour les dévorer. Le dromadaire a une bosse sur le dos; la forme du chameau est pareille, mais il a deux bosses. Le serpent change de peau tous les ans; on trouve souvent son ancienne peau accrochée aux buissons. Le geai est un oiseau très-bavard. L'hirondelle est presque muette. La chair du hérisson est bonne à manger. La fouine est plus grosse que la belette : toutes deux vivent de la même façon et cherchent à manger les œufs et les poules pendant la nuit. Lucie n'est pas si sotte que son frère : elle a soin d'une gentille volière où elle nourrit de jolis oiseaux. Alfred préfère une paresse complète et se moque de sa sœur quand elle est inquiète pour sa petite famille. Une paysanne nous a donné une belle fauvette qui chante fort bien. Alfred a ressenti une jalousie secrète de cette nouvelle joie de Lucie. Il dit qu'elle est folle avec ses oiseaux.

(Faire servir cet exercice à reconnaître la forme féminine des adjectifs dont on dira le masculin pour l'opposer au féminin employé dans l'exercice.)
Voyez la grammaire, paragraphes 76, 77, 78.

13.

DÉFAUTS DES ENFANTS.

Il ne faut pas être mou au travail, le temps de l'enfance n'est pas trop long, on se repent quand on est vieux de ne pas avoir travaillé. Il convient à l'enfant d'être bref dans ses discours, doux et naïf dans ses amusements. Le pain sec est souvent la punition des gourmands. Louis a fait un faux rapport contre Edouard. Louis a le caractère malin. Édouard est bénin de sa nature. Il est l'enfant favori de ses grands parents. Charles a eu un affront public : on lui a mis le bonnet d'âne; c'est une vilaine coiffure d'un poil roux avec de grandes oreilles. Charles était rouge jusque dans le blanc des yeux. Il était bien honteux d'avoir été paresseux et menteur.

(Faire servir cet exercice à reconnaître le féminin des adjectifs. — On le formera du masculin donné dans l'exercice.)
Voyez la grammaire, paragraphes 76, 77, 78.

14.

LES CHIENS.

Le poil de votre chien épagneul est long : celui de mon terrier est ras. Le boule-dogue est un chien court et rond, mais très-robuste ; il a un instinct brutal et devient féroce quand on l'excite. Le caniche est très-fin, très-capable d'apprendre des tours. Le chien basset prend les lapins et les renards dans leur terrier ; ce chien est laid, mais intelligent. Le chien de Terre-Neuve est très-grand, très-fort et très-courageux ; il nage fort bien et retire de l'eau les personnes qui y tombent par accident. Le chien du mont Saint-Bernard va chercher les voyageurs malheureux que l'ouragan a surpris dans la montagne. Le barbet a le poil long, frisé, l'œil rond et vif, le front bombé ; il est très-attaché à son maître. Enfin le chien de ferme ou chien de berger n'est pas beau à voir ; il est assez grand, maigre, brun ou gris de pelage, précieux pour les services qu'il rend aux gens chargés de conduire les bestiaux, c'est son mérite principal.

(Faire servir cet exercice à former le pluriel des adjectifs ; ils sont ici au singulier, on indiquera leur forme au pluriel.)
Voyez la grammaire, paragraphes 80, 81, 82.

15.

LA PROMENADE.

Nous avons été nous promener avec mes frères au village voisin. Les chemins étaient poudreux, les prairies sèches, les ornières profondes ; nous nous sommes arrêtés dans un petit vallon plus frais que les champs brûlés par la chaleur : dans ce vallon se trouvaient de beaux arbres qui entretenaient l'ombre. Il y avait une grotte curieuse d'où sortait un petit ruisseau d'une eau limpide. Le possesseur de cette terre est un bon villageois qui nous a vendu des cerises très-mûres et très-fraîches qu'il venait de cueillir. Le grillon faisait entendre son petit cri. En revenant, nous avons trouvé nos cousins qui sortaient du parc magnifique de notre oncle, et nous sommes allés avec eux voir les grands rochers au sommet de la colline. Les rayons de soleil n'étaient plus si chauds. On voyait déjà la lune paraître dans le ciel avec les deux cornes pointues de son croissant.

(Faire servir cet exercice pour reconnaître l'accord de l'adjectif avec le nom. Tous les adjectifs de l'exercice sont ramenés à la forme du masculin singulier, et on expliquera le changement des terminaisons.)
Voyez la grammaire, paragraphes 83, 84, 85, 86, 87.

16.

LA MALADIE.

Votre cousin est bien malade : mon oncle dit que son mal est dans le cerveau. Ton père croit que c'est une maladie d'estomac, il est bien pâle, ses joues sont creuses, ses flancs amaigris, son corps est comme un squelette. On dirait que ses veines ont perdu leur sang. Il se plaint d'avoir mal aux reins. Son sommeil est agité, sa soif ne s'apaise pas malgré la tisane que sa mère lui fait boire. Il refuse de laisser panser ses vésicatoires ; on le soutient sous les aisselles pour le changer; notre cœur saigne rien qu'à voir ses souffrances. Il est couvert d'emplâtres depuis les reins jusqu'à la nuque. Ses os craquent quand il se retourne. Son pouls indique une grande fièvre, ses poings se serrent, ses dents claquent, il a le hoquet. Ma tante est bien malheureuse de voir son unique enfant dans un si triste état.

(Faire servir cet exercice à reconnaître les adjectifs possessifs, au masculin, au féminin, au singulier, au pluriel.)
Voyez la grammaire, paragraphes 88, 89.

17.

SUITE DE LA MALADIE. — LES SENS.

Cette maladie d'Alfred commence à se guérir. Ce pauvre garçon sera bientôt en convalescence. Ce matin je l'ai vu : il n'a plus cet air fatigué, ces narines pincées, ces membres maigres et décharnés, cette haleine essoufflée, qu'on lui voyait autrefois : ses pommettes sont moins saillantes, ses plaies se referment. Cet honnête médecin qui l'a sauvé mérite bien des remercîments. Ce hideux hoquet qui annonçait la mort a disparu complétement. Ce changement est bien complet. L'usage de ses sens lui est revenu. Nous avons cinq sens, la vue, l'ouïe, l'odorat, le goût, le toucher. Ces sens ont tous leur utilité. La vue nous fait voir par le moyen des yeux. L'ouïe nous fait entendre par le moyen des oreilles. L'odorat nous fait sentir les odeurs par le moyen du nez. Le goût nous fait juger les aliments par le moyen du palais. Le toucher nous fait saisir les objets par le moyen des mains et nous fait mouvoir par l'exercice de tous nos membres. Ce dernier sens est comme répandu sur tout notre corps.

(Faire servir cet exercice à reconnaître les adjectifs démonstratifs, et à expliquer la différence de leurs formes.)
Voyez la grammaire, paragraphes 90, 91, 92, 93.

18.

LES JOURS, LES MOIS, L'ANNÉE.

Pourquoi aimes-tu le dimanche ? — Parce que c'est un jour de fête; l'on ne va pas à l'école. — Combien y a-t-il de jours dans la semaine ? — Il y en a sept : lundi, mardi, mercredi, jeudi, vendredi, samedi, dimanche. — Combien y a-t-il de mois dans l'année ? — Il y en a douze : janvier, février, mars, avril, mai, juin, juillet, août, septembre, octobre, novembre, décembre. — Combien y a-t-il de jours dans un mois ? — Il y en a trente ou trente et un. — Quels sont les mois qui ont trente et un jours ? — Janvier, mars, mai, juillet, août, octobre, décembre. — Combien février a-t-il de jours? — Ordinairement vingt-huit, quelquefois vingt-neuf. — Combien y a-t-il de jours dans l'année? — Trois cent soixante-cinq jours. — Quel est le premier à ton école? — C'est Jacques. — Quel est le second? — C'est moi. — Et après? — Henri est le troisième, Paul le quatrième, Edouard le cinquième, Joseph le sixième, Frédéric le septième... — Combien y a-t-il d'élèves? — Il y en a trente.

(Faire servir cet exercice à reconnaître les adjectifs numéraux, cardinaux et ordinaux.)
Voyez la grammaire, paragraphes 94, 95, 96, 97, 98.

19.

LA LAIDEUR, LES INFIRMITÉS.

Un nez camard, une tête pointue, une bosse sur le dos, une jambe boiteuse, plusieurs dents cassées, tout cela ne fait pas un joli portrait. Aucune blessure ne se ferme plus tôt que celles de la tête : la cicatrice en est prompte. Le crâne humain a une certaine dureté. Telle entorse faite en une minute va durer un mois. Quelques enfants guérissent difficilement leurs engelures, d'autres enfants n'en ont jamais. Tous les hommes n'ont pas la même couleur. Il y a des visages blancs, des jaunes, des bruns, des noirs. Toutes les personnes n'ont pas les mêmes yeux : certains vieillards voient encore bien, d'autres se servent de lunettes. On ne devient pas vieux sans perdre une partie quelconque de ses forces. Chaque sens peut être affaibli. La goutte prend les mains et les pieds. Les cheveux, les sourcils, les cils deviennent blancs, ainsi que la barbe et la moustache. Le jarret et les chevilles sont faibles : quelques estropiés marchent avec des béquilles. Quel est l'usage du sens qu'on appelle la vue? Quelle utilité a le toucher?

(Faire servir cet exercice à reconnaître et à expliquer l'usage des adjectifs indéfinis.)
Voyez la grammaire, paragraphes 99, 100, 101, 102.

4.

20.

LES INSECTES.

Il y a des animaux qu'on appelle des insectes : ils sont généralement fort petits. La mouche est un insecte; elle vole : le ver est un insecte; il rampe : la fourmi est un insecte; elle marche. Je vous nomme ces trois espèces d'insectes, parce qu'ils vous sont connus. Vous avez vu tous des mouches, vous les attrapez quelquefois pour vous amuser. Nous avons vu dernièrement des fourmis qui se rendaient à leur fourmilière; elles étaient chargées de grains. Le papillon, avec ses belles couleurs et son vol qu'il interrompt à chaque instant, semble vous dire : tu ne m'attraperas pas. Il y a des insectes nuisibles comme les hannetons, il faut les détruire; il y en a d'utiles comme les abeilles, il faut les laisser vivre. En général les oiseaux poursuivent les insectes pour les manger; ne faisons pas de mal aux oiseaux qui rendent service à nos champs en détruisant les insectes nuisibles.

(Faire servir cet exercice à reconnaître les pronoms personnels et leur usage.)

Voyez la grammaire, paragraphes 103 jusqu'à 114.

21.

LES POISSONS.

Les poissons habitent l'eau; on les trouve dans les rivières ou dans la mer. Ils peuvent respirer dans l'eau, tandis que les autres animaux y meurent. Le plus gros des poissons de la mer, c'est la baleine. On la trouve dans les mers du Nord. Dans les rivières il n'y a pas de poissons gros ni dangereux comme dans la mer, si ce n'est le crocodile. On le trouve dans les rivières des pays très-chauds, dans l'Afrique et dans l'Asie. Quand on est poursuivi dans l'eau par un crocodile, on ne peut pas lui échapper. A terre (car il vit aussi sur la terre), il est moins dangereux, parce qu'il se remue difficilement. Les rivières et les étangs contiennent des poissons voraces qui mangent les autres poissons; le brochet, la truite, la perche, font la chasse : on les prend en leur offrant de petits poissons vivants. La carpe, le barbeau, la tanche, se prennent autrement, avec des vers, des insectes ou d'autres appâts. Les goujons, les ablettes, les vairons, sont les plus petits poissons des rivières. On mange aussi des coquillages qu'on trouve dans la mer. Les pêcheurs s'en nourrissent eux et leurs familles : il y en a de bien des espèces; les plus communes sont les huîtres et les moules.

(Faire servir cet exercice à reconnaître les différents pronoms et à indiquer le genre et le nombre dans ceux de la troisième personne.)
Voyez la grammaire, paragraphes 111, 112, 113.

22.

LE TRAVAIL DE LA CLASSE.

Quand je parle à l'école pendant la leçon, je suis grondé. — Tu devrais alors te taire. — Je le voudrais bien, mais Armand me fait rire et causer avec lui. Le maître nous punit alors tous les deux. — Il a bien raison. Jules a déchiré son alphabet. Pierre a rangé les livres de la bibliothèque. Il y en a de beaux : ils sont reliés en rouge, en noir, en vert. Quand je serai grand, j'irai au collége et j'aurai des prix. Alfred a rapporté du lycée le prix de calcul et le prix d'orthographe. Je commence à faire des dictées. Tu m'as dit, maman, que je ferais bientôt des analyses? — Oui, quand tu ne seras plus aussi dissipé. J'apprendrai aussi le dessin pour faire le portrait de tout le monde. — Il faut d'abord mieux écrire et ne pas griffonner. Quand on tient mal sa plume, on ne peut pas encore apprendre à tenir un crayon pour dessiner, ni un pinceau pour peindre. Pour devenir savant, tu dois cesser d'être espiègle et entêté.

(Faire servir cet exercice à la distinction des personnes à l'aide des pronoms ; insister sur le rôle de la 3e personne et sur la variété de ses formes.)
Voyez la grammaire, paragraphes 104, 105, 106, 107, 108, 109 jusqu'à 114.

23.

LA PUNITION.

Ton frère a su sa fable et tu n'as pas pu réciter la tienne. Tu n'auras donc pas de dessert au dîner. Dimanche, Amélie t'a donné le sien, mais je lui dirai de n'être plus si bonne. — Mon frère a toujours des leçons plus faciles que les miennes. — Cela n'est pas exact : vous avez chacun votre tâche ; tu ne t'es pas occupé de la tienne. Ton frère et ta sœur ont fait la leur. Le devoir des enfants est de travailler, le nôtre est de les punir quand ils sont paresseux. Robert et toi vous prenez les livres des autres. Amélie et Henri ont soin des leurs. N'allez pas les déchirer, et cherchez les vôtres.

(Faire servir cet exercice à reconnaître la forme et l'usage des pronoms possessifs.)
Voyez la grammaire, paragraphes 115, 116, 117.

24.

LA GÉOGRAPHIE.

Paul apprend la géographie : cela ne paraît pas très-amusant. Il a une grosse boule sur laquelle sont marqués les pays. Il dit : celui-ci est au Nord, celui-là au Midi. Cette rivière coule à l'Est, celle-ci coule à l'Ouest. Il me montre le haut de la boule, il me dit : ceci est le Nord, il me montre le bas et me dit : cela est le Midi. Il tend le bras à droite et me dit : ce côté-ci, c'est l'Est ; il tend le bras à gauche et me dit : celui-là, c'est l'Ouest. Il ajoute encore que les gens n'ont pas tous aussi chaud ou aussi froid les uns que les autres sur la terre. Ceux qui sont au Nord ont plus froid ; ceux qui sont au Midi ont plus chaud. Il récite des noms bizarres et difficiles à retenir. Mais il m'a montré sur une carte l'endroit où est la ville que nous habitons : je veux apprendre cette carte-là. Il dit que c'est celle de la France.

(Faire servir cet exercice à reconnaître les pronoms démonstratifs avec leurs variétés de genre et de nombre.)
Voyez la grammaire, paragraphes 118, 119.

25.

LA SEMAINE SAINTE.

Nous entrons dans la semaine sainte, et le dimanche qui vient après, c'est la fête de Pâques. Dès le jeudi saint, on a fait nettoyer tout dans l'église, et jusque dans la sacristie. Le vendredi saint, on a construit le tombeau qui est dans la chapelle de la Sainte-Vierge, puis le samedi on a tout enlevé et dimanche l'église sera bien belle. Monsieur le curé sera revêtu des beaux ornements dont on a fait l'achat tout exprès. On se servira des flambeaux qui ont été donnés dernièrement par une personne riche. Il y aura fête à la paroisse et au presbytère. L'église sera pleine de monde; il y a des gens auxquels il ne restera plus de place que sous le porche, surtout pour l'heure de la messe. Ce n'est pas moi qui voudrais manquer l'office le jour où Notre-Seigneur Jésus-Christ est ressuscité. Ceux qui n'auront pu venir à la messe, essaieront bien de se trouver aux vêpres qui seront chantées avec beaucoup d'éclat.

(Faire servir cet exercice à reconnaître les pronoms relatifs.)
Voyez la grammaire, paragraphes 120, 121.

26.

LES JARDINS.

Puisque tu aimes les jardins, nous en irons voir quelques-uns. Il y en a un chez ton oncle, et un autre chez ton cousin. L'un et l'autre sont fort beaux. Personne n'a des tilleuls, ni des saules en meilleur état que notre voisin : son terrain est borné à droite et à gauche par des murs et dans le fond par quelques-uns de ces beaux taillis qui sont magnifiques quand ils sont en fleurs. On a mêlé le sureau, la vigne vierge, le houblon, et toutes sortes de

plantes grimpantes qui s'entrelacent avec l'aubépine et
forment un rempart impénétrable. Nul ne pourrait entrer
sans abattre avec la cognée les fortes souches de la haie.
Plusieurs prétendent qu'il y a deux cents ans que cette
haie existe : certains la croient plus vieille encore. Tout
rappelle le voisinage des bois, c'est un parc plutôt qu'un
jardin. Ici du muguet, là de hautes fougères : dans un
creux des joncs, des bancs de mousse, des bruyères, et
dans le lointain quelques cèdres qui bornent l'horizon.

(Faire servir cet exercice à reconnaître les pronoms indéfinis.)
Voyez la grammaire, paragraphes 123, 124, 125.

27.

SUITE DES JARDINS.

Les avenues du jardin de ton oncle sont moins larges
que cela; elles sont grandes cependant : mais la partie la
plus curieuse, c'est le jardin aux fleurs. Les arbrisseaux
sont si bien taillés, qu'ils semblent former des bouquets.
Le maître n'épargne pas sa peine; il y travaille souvent
dès quatre heures du matin ; il arrose, il ébranche, il ra-
tisse, il échenille, il greffe, il plante, il repique, il taille :
toujours la serpette, le sécateur ou l'arrosoir en main. Ses
fleurs le récompensent de sa peine : elles sont fraîches,
belles, variées, et renouvelées sans cesse. Il a aussi des
treilles qui fournissent à sa table du bon chasselas et du
muscat délicieux. Ses poiriers, ses pêchers, ses abricotiers
dressés en espaliers contre les murs lui donnent d'excel-
lents fruits. Ils sont taillés par lui en grande partie. Il
vient d'établir dans une cave des couches pour faire venir
des champignons. Les jours passent vite pour celui qui
travaille ainsi.

(Faire servir cet exercice à reconnaître l'accord des pronoms avec le nom
qu'ils représentent.)
Voyez la grammaire, paragraphe 126.

28.

LA BASSE-COUR.

Notre tante s'occupe beaucoup de sa basse-cour : elle a un grand nombre de poules qui lui mangent bien chaque jour un boisseau d'avoine, de maïs et de blé noir. Nous lui avons vu des canards de toute beauté. Ils sont à leur aise chez elle; une petite mare existe dans le bout du terrain qui avoisine la basse-cour. Ils ont un petit abri où ils se retirent. Mais le poulailler a été surtout construit avec soin. Les perchoirs sont nombreux et commodes; il y a des paniers pour la ponte des œufs; on étend fort souvent de la paille sur le sol. Une petite cour pleine de sable leur sert pour la promenade : des sortes de communications existent entre chaque partie du poulailler. Il y a le quartier des couveuses où règne la plus grande tranquillité; il y a le quartier des poussins où se trouvent les poules qui conduisent leurs petits. Un hangar a été construit pour d'autres oiseaux domestiques; il renferme des pintades, des pigeons, des tourterelles, des faisans, des dindons, des oies, un paon.

(Faire servir cet exercice à reconnaître les verbes et les sujets des verbes.)
Voyez la grammaire, paragraphes 127, 128, 129.

29.

LES OISEAUX.

Ma cousine a demandé à sa maman la permission d'élever des oiseaux, et on lui a fait construire une grande volière dans une salle du rez-de-chaussée. Cette volière est comme une grande maison en fil de fer. Elle est divisée en plusieurs compartiments. On place les plus gros oiseaux à part, pour qu'ils ne gênent pas les autres. Il faut entendre le ramage de tous ces petits chanteurs. Les serins canaris, les serins de Hollande, les chardonnerets, les linots, les pinsons, les bouvreuils, les rouge-gorge, tout cela sautille sur les bâtons, d'un coin à un autre. Ils mangent du chènevis, du mil, de la navette, de la salade, du sucre, du biscuit. Ils se juchent à leur goût, en haut, en bas, partout. Ils font des nids, et il y a des œufs qui éclosent, et d'où il sort des petits. Quand la porte de la salle est ouverte, tous les moineaux des environs accourent et mangent le grain qui est tombé autour de la volière. Mais il faut avoir soin de fermer parce que les chats, les rats, les mulots, les fouines, les belettes, viendraient aussi faire la guerre aux oiseaux, et surtout les effrayer.

(Faire servir cet exercice à reconnaître les régimes ou compléments directs des verbes.)
Voyez la grammaire, paragraphes 130, 131.

30.

LA CAMPAGNE.

A la campagne chacun est occupé de son travail. Le maître donne à ses valets de ferme la tâche qu'ils doivent faire dans la journée. L'un doit mettre la farine au blutoir pour la bluter. Un autre va au pré pour botteler du foin. Celui-ci est envoyé pour arracher des légumes : celui-là charge sur un chariot des sacs de blé pour les conduire au marché voisin. Jacques est ordinairement chargé du soin de veiller aux instruments aratoires, à la charrue, aux machines, aux roues des moulins, au pressoir. Il entretient les faux, les faucilles, les cribles, les tamis, les herses, les meules, les pioches, les hoyaux. Il a appris le métier de taillandier dans sa jeunesse, et il sait forger assez bien. Il sait faire les paniers, les corbeilles, les manches d'outils. Il rend de grands services à son maître.

(Faire servir cet exercice à reconnaître les régimes ou compléments indirects des verbes.)
Voyez la grammaire, paragraphes 132, 133.

31.

TRAVAUX DE LA CAMPAGNE.

Armé d'un aiguillon, Pierre pique les bœufs qui conduisent la charrue, il chante en travaillant. Jean et moi nous chaulons le blé, c'est-à-dire que nous le passons à la chaux pour empêcher qu'il ne soit mangé par les charançons. Ce sont de petits insectes qui vivent dans les greniers. Vous terminez cette semaine la cueillette du colza et de la navette : ce sont des graines bonnes pour faire de l'huile. Je pense que le fourrage sera rentré à la fin du mois : la paille, le foin, la luzerne, le trèfle, le sainfoin s'amassent dans les granges. Si tu désires voir le froment égrené, viens dans la ferme de Mathurin. Il a battu toutes ses gerbes. Le meunier de la métairie commence à faire de la farine avec le blé nouveau. Le boulanger en a pétri déjà, et nous en mangerons demain.

(Faire servir cet exercice à reconnaître les différentes terminaisons suivant les personnes.)

Voyez la grammaire, paragraphes 134, 135, 136, 137.

32.

LES ENFANTS A LA CAMPAGNE.

Tu dois avoir eu de la galette qu'on a faite chez toi. — Oui, je dois encore en avoir demain : je t'en apporterai. En attendant, allons à la ferme. J'ai du plaisir à causer avec Jacques : si tu as le temps, viens avec moi. Il a toujours quelque chose d'amusant à me montrer. Nous avons congé aujourd'hui : c'est jeudi. Vous avez la demi-journée à vous. A l'école, ils ont seulement la classe du matin. J'avais un jardin à moi et je voulais y mettre de l'engrais. Jacques avait dans l'étable du bon fumier, il me l'a donné. Tu avais aussi un jardin, qu'en as-tu fait? Nous avions, papa et moi, l'intention d'y mettre une bordure de buis autour des plates-bandes, comme vous en aviez l'an dernier. Mais Louise et Marthe avaient de petits œillets tout petits qu'on appelle de la mignonnette. J'eus l'idée de leur en demander, elles eurent la complaisance de m'en donner. C'est au moment où tu eus si mal aux doigts. Nous eûmes peu de peine à faire notre bordure, et quelque temps après elle eut des fleurs en quantité. J'ai eu six petits poussins de ma poule blanche : elle a eu huit œufs à couver : tu as une poule noire : vous en avez eu aussi des poulets? — Nous en avons eu douze, et ils ont eu tous la chance de bien venir.

(Faire servir cet exercice à reconnaître la première partie du verbe *avoir*, modes, temps, personnes.)
Voyez la grammaire, paragraphes 138 jusqu'à 156.

33.

SUITE DES ENFANTS A LA CAMPAGNE.

Mais quand elle eut eu ses poussins, notre pauvre poule noire devint bien maigre et mourut. J'avais eu soin cependant de lui donner du bon grain, de l'avoine, du seigle, du sarrazin, du maïs; mais elle avait eu trop de peine à couver ses œufs. Nous avions eu déjà un malheur semblable avec une grosse poule Crève-cœur. Vous aviez eu aussi de si beaux poulets que nous voulions essayer de cette race. Émile et Paul avaient eu de petits cannetons. J'aurai bientôt de quoi acheter un dindon. Tu auras soin de le séparer des poules, sans cela elles auront des coups. Le dindon aura de la voracité et mangera tout ce que vous aurez dans la mangeoire. Nous autres nous n'aurons ni dindes, ni oies. J'aurai eu cent cinquante œufs dans le mois de mai. Vous en aurez eu à peine quatre-vingts. Cela vient de ce que vos poules auront eu faim ou auront eu trop d'avoine, car nous aurons eu le même nombre de poules pendant tout ce mois, et il y aura eu une grande différence dans la ponte.

(Faire servir cet exercice à reconnaître la suite des temps du verbe *avoir*.)
Voyez la grammaire, paragraphes 155, 156.

34.

LA PÊCHE.

J'aurais de l'agrément à aller à la pêche et vous auriez eu une bonne idée d'y inviter nos camarades pour demain. Tu aurais bien fait de m'en parler : nous aurions encore le temps d'arranger une partie. Vous n'auriez qu'à prévenir Alfred et Jules : ils auraient bien vite tout préparé. Mais auraient-ils la permission de leurs parents ? — Ils l'auraient eue si vous l'aviez demandée. Nous aurions eu besoin aussi d'un filet, de plusieurs lignes, d'un épervier, et d'une provision d'hameçons. Vous auriez eu tout ce qu'il faut chez le père Christophe ; il en aurait eu pour le goujon, de tout petits, pour le brochet, de très-gros, pour la carpe de moins forts. Ayons seulement des nasses pour placer dans les creux, nous pourrons prendre des anguilles, des barbeaux, des brêmes, sans parler du petit poisson qu'on appelle du menu fretin. Ayez tout à votre disposition demain.

(Faire servir cet exercice à reconnaître la suite du verbe *avoir*.)
Voyez la grammaire, paragraphe 156.

35.

SUITE DE LA PÊCHE.

Il faut que tu aies bien mal fait la commission pour que le père d'Alfred ait dit : non; ou bien que ses parents aient peur de quelque accident. Si nous eussions eu le bateau de l'éclusier, je comprendrais qu'il eût peur. Mais que j'aie seulement des balances et de la viande avancée, et nous prendrons des écrevisses dans le petit ruisseau tout auprès du moulin. Il y a quinze jours, elles venaient se jeter sur les appâts, on les prenait sans qu'elles eussent le temps de se retirer. Vous en eussiez eu un plus grand nombre encore sans l'imprudence d'Henri. Je souhaite que lui et ses camarades aient profité de la leçon.

La part qu'ils eussent eue aurait été plus grosse. Pour
Édouard, il s'y est habitué sans que j'aie eu besoin de lui
rien dire.

(Faire servir cet exercice à reconnaître la suite du verbe *avoir*.)
Voyez la grammaire, paragraphes 156, 157, 158.

36.

LA FAMILLE.

Je suis sûr que mon frère est malade : quand tu es là,
il rit encore, mais quand nous sommes seuls, il pleure.
Vous êtes en retard aujourd'hui, nos sœurs sont chez
leur maîtresse de musique. J'étais hier chez ma nourrice
avec mademoiselle Jenny. Elle était avec sa marraine.
Ses grands parents n'étaient pas loin. Nous étions une
demi-douzaine d'enfants. Des poires, des pommes, des
noix, du lait, du pain, du raisin étaient sur la table pour
notre goûter. Nous fûmes très-gais au repas ; quand tout
fut terminé, je fus embrasser mon grand-père, que j'ai été
content de voir en bonne santé. Nous avons été jusqu'au
petit chemin ensemble. Grand'mère a été très-loin pour
son âge. Tous les enfants ont été sages dans cette petite
promenade. Nos parents doivent être contents de nous,
puisqu'ils nous avaient recommandé d'être raisonnables.

(Faire servir cet exercice à reconnaître les premières formes du verbe
être.)
Voyez la grammaire, paragraphe 159.

37.

LE RETOUR DU SOLDAT.

Quand Frédéric eut été soldat pendant sept ans, il revint
au pays, et se dit qu'il avait été si longtemps séparé de
ses parents, que désormais il ne quitterait plus le village.
Je serai, dit-il, le soutien de mes bons parents. Si vous
aviez été là, vous auriez vu comme il pleurait en rentrant
dans la maison. J'avais été autrefois jouer chez lui ; je me

disais : il aura de la peine à me reconnaître, mais comme si nous avions été toujours ensemble, il dit : c'est le petit Jean : tu seras toujours mon petit camarade, et il m'embrassa, et je lui dis : nous serons un jour comme toi, Frédéric, quand nous aurons été longtemps à la guerre, il nous sera bien agréable de revoir notre famille. Comme il avait été sergent dans son régiment, il avait apporté son uniforme qui a été serré avec soin ; son sabre aura été aussi pendu à un clou dans la chaumière, il s'en est servi dans nos guerres d'Algérie.

(Faire servir cet exercice à reconnaître la suite du verbe *être*.)
Voyez la grammaire, paragraphe 159.

38.

LES MÉTIERS.

Je serais volontiers imprimeur, disait Arthur à son maître. Tu serais bien embarrassé puisque tu ne sais pas bien l'orthographe. Il serait curieux de voir un ignorant imprimer un livre. Nous serions contents aussi de te voir imprimeur, c'est un beau métier. Mais les mots seraient bien mal composés par quelqu'un qui ne connaît pas la grammaire. Il ne suffit pas de reconnaître les caractères. L'ouvrage serait trop facile.

J'eusse été volontiers horloger, disait Louis ; mais pour être horloger, disait le maître, il aurait été nécessaire de bien compter. Comment les heures seraient-elles marquées, et les minutes, et les secondes, comptées par quelqu'un qui ne sait pas le calcul.

Vous auriez été plus volontiers rôtisseurs, pâtissiers, confiseurs, et épiciers, parce que les bons rôtis, les gâteaux, les bonbons, les raisins secs, les amandes et les noisettes eussent été fort de votre goût.

(Faire servir cet exercice à reconnaître la suite des formes du verbe *être*.)
Voyez la grammaire, paragraphe 159.

39.

LA REVUE.

Sois prêt tantôt pour venir voir la revue. — Oui, il faut
que je sois prêt à neuf heures : nous arriverons avant que
les soldats soient rendus sur la place. Pourvu que vous
soyez là à neuf heures et demie, cela est suffisant. Voici
les artilleurs avec leurs gros canons. Il faut que le capitaine
ait été malade pour qu'il soit absent ; il sait que nous eussions été enchantés de le voir à cheval défiler avec les autres en grand uniforme. Je ne savais pas qu'il fût indisposé.
Ne soyons pas inquiets, il sera bien soigné. Je crois qu'il
eût été imprudent de charger les carabines, quand les
chevaux vont au trot si rapidement. Les cavaliers ont
bonne mine : il faut qu'ils aient été levés de bonne heure ;
sans cela les chevaux n'eussent pas été étrillés et pansés
convenablement. Qu'ils soient paresseux ou non, il faut
que les soldats obéissent. Les fantassins étant de ce côté
nous aurons de la peine à les voir. Il aurait fallu qu'ils fussent rangés par ici.

(Faire servir cet exercice à reconnaître la suite des formes du verbe *être*.)
Voyez la grammaire, paragraphe 159.

40.

LES MÉTIERS, LES BOIS.

Le menuisier, le charpentier et le tourneur sont obligés
de débiter du bois, de le scier, de le fendre, de l'unir avec
le rabot : ils doivent savoir joindre des planches, faire des
rainures, coller du bois, planter des clous, faire tenir des
vis. Ils doivent connaître et posséder un assez grand nombre d'outils : les vrilles qui servent à faire de petits trous
dans le bois, les villebrequins qui servent à percer les murs
en bois, en brique ou en pierre. Il y a différentes espèces
de ciseaux. Il faut pouvoir les emmancher, les démancher
à volonté. Il faut aussi les repasser pour les faire couper.

Un bon ouvrier n'ignore rien de tout cela. Il est utile aussi de connaître les différents bois, le sapin, le chêne, le frêne, le peuplier, l'érable, le cerisier, l'orme, le hêtre, le mélèze, le cèdre, le charme, le châtaignier, le noyer, le tilleul, l'acajou, le palissandre, le buis, l'ébène, le merisier, et quelques autres.

(Faire servir cet exercice à reconnaître les quatre différentes conjugaisons par l'infinitif en *er*, *ir*, *oir*, *re*.)
Voyez la grammaire, paragraphes 149, 150, 151, 152, 153, 154.

41.

L'ORFÈVRE OU BIJOUTIER.

L'orfèvre travaille l'or et l'argent, il fait des bijoux ; on l'appelle aussi bijoutier. Il emploie non-seulement l'or et l'argent, mais encore le cuivre, le fer, l'acier, l'ivoire, l'os, la nacre, l'écaille. C'est lui qui fabrique les boucles d'oreilles, les anneaux, les broches, les boutons : il enchâsse les pierres précieuses dans l'or et dans l'argent ; il fait des colliers de perles ; il fait fondre le métal pour faire des cuillers et des fourchettes d'argent ; il les couvre d'une couche d'or et en fait des couverts de vermeil. Il vend des flambeaux en bronze argenté, doré, des salières, des huiliers, des burettes. Il fait fondre les vieux bijoux pour les réduire en lingots d'or ou d'argent, il vend aussi les pierreries, telles que les diamants, les rubis, les saphirs, les topazes, les émeraudes, les grenats, les turquoises. Ces pierres présentent de belles couleurs, le rouge, le bleu, le vert, le jaune, le violet.

(Faire servir cet exercice à reconnaître les verbes actifs avec leurs régimes ou compléments directs.)
Voyez la grammaire, paragraphes 130, 131, 160, 161.

42.

UNE MAISON A CONSTRUIRE.

Une maison demande le travail de beaucoup d'ouvriers. Le terrassier commence par creuser la terre. Le tailleur de pierres coupe, scie, et taille la pierre. Le maçon fait du mortier, de la chaux et du sable. Il place les fondements de la maison dans les tranchées que le terrassier a ouvertes. Ensuite il bâtit les caves, puis le rez-de-chaussée. Il se sert de briques, de moellons ou de pierres de taille : il les unit avec du mortier ; il les enduit ensuite de plâtre pour avoir des murs propres. Le charpentier arrive ensuite, il construit les plafonds et les planchers qui séparent les étages, il place les poutres, les poutrelles, les lambourdes, les chevrons, les lattes. Il assemble les différentes pièces de bois, par le moyen des tenons et des mortaises. Il compose et place les différentes pièces des escaliers et de la toiture. Le maillet, la cognée, la tarière, la scie, le compas, l'équerre, la règle sont les instruments du charpentier comme du menuisier.

(Faire servir cet exercice à reconnaître les sujets des verbes.)
Voyez la grammaire, paragraphes 128, 129, 161.

43.

SUITE DE LA MAISON A CONSTRUIRE.

Après le charpentier vient le couvreur qui est chargé de placer sur le toit de la maison la couverture qui doit la protéger. La tuile ou l'ardoise servent d'ordinaire à la couvrir. Dans les campagnes, on employait autrefois la paille du blé qu'on appelait du chaume. Une chaumière est une petite maison couverte de chaume ; mais le feu dévorait souvent ces maisons : les incendies sont moins fréquents depuis qu'on couvre avec de la tuile, de l'ardoise ou du zinc. Le couvreur fait un métier dangereux ; il est toujours perché sur les toits qu'il parcourt au moyen d'une petite échelle accrochée à des crocs en fer tenus dans la charpente du toit. Une petite enclume, un marteau, une essette, ou petite hache, sont les outils du couvreur. Le plâtrier fait particulièrement les plafonds et les enduits des murs qu'il revêt de plâtre; il fait les moulures et les ornements que l'on remarque dans les façades des maisons. Le sculpteur fait les ornements dans la pierre de taille, il représente des têtes, des statues, des guirlandes de feuilles et de fruits, des objets de toute sorte dans la pierre dure, tandis que le plâtrier les moule et les attache avec du plâtre fin.

(Faire servir cet exercice à reconnaître les régimes directs des verbes.)
Voyez la grammaire, paragraphes 130, 131, 161.

44,

SUITE DE LA MAISON A CONSTRUIRE,

Le menuisier fait les panneaux, les cloisons en planches, les portes, les fenêtres, les lambris, les revêtements, les planchers, les parquets, les alcôves, les volets, les persiennes, les jalousies, les escaliers. Le serrurier vient pour mettre aux portes des serrures et des loquets, des charnières, des fiches. Il pose les espagnolettes et les tringles aux fenêtres, les sonnettes aux appartements et aux portes : il met les rampes aux escaliers, des boulons, des équerres, des écrous aux différentes pièces qu'il faut relier. Il forge le fer au feu. Il ajuste à la lime, il frappe au marteau. Il coupe au ciseau ; il se sert de tenailles, de pinces, de crochets. Le plombier pose les tuyaux de conduite, les gouttières, les réservoirs pour l'écoulement des eaux. Le fumiste établit des appareils aux cheminées, et des tuyaux pour conduire la fumée dans les airs,

(Faire servir cet exercice à trouver les régimes indirects des verbes actifs.)
Voyez la grammaire, paragraphes 132, 133,

JON. — GR. DES COMM.

45.

LES ARTISANS, LE CORDONNIER, LE CHARRON, LE CARROSSIER.

L'artisan est un ouvrier qui gagne sa vie en travaillant. Si tu désires exercer un métier, je te renseignerai sur les occupations des ouvriers. Le cordonnier ou bottier coupe le cuir et relie les morceaux qu'il a coupés pour en composer un soulier, une botte, une chaussure à son gré. Il emploie le fil, la colle, la poix, les clous. Il coupe le cuir avec un tranchet, il le perce avec une alêne, il le fixe à l'aide de chevilles, il le râpe avec la lime, le frotte avec du cirage ou du vernis pour lui donner du brillant. Le charron fabrique des voitures : il travaille le bois comme un tourneur et le fer comme un serrurier ; il compose les roues, les moyeux, les rayons, les jantes, les grands cercles des roues : il courbe les brancards de la voiture, en dispose la caisse, et toutes les grosses pièces de bois et de fer. Le carrossier se charge des voitures délicates fermées à l'aide de portes, de glaces, etc. Il les enveloppe avec une garniture de cuir, et leur donne par la peinture et le vernis les plus brillantes couleurs.

(Faire servir cet exercice à reconnaître quelques formes faciles de la première conjugaison.)
Voyez la grammaire, paragraphes 162, 163.

46.

LE PEINTRE.

Le peintre est chargé d'embellir le bois, le fer, la pierre, et tous les objets qu'il peut couvrir à l'aide des couleurs. Il sait broyer et pétrir les matières dont il garnit sa palette. Il assortit les nuances, épaissit et éclaircit les couleurs à sa volonté. Les peintres exercent un métier utile mais malsain. On dit que l'odeur et le maniement de la peinture les font pâlir, maigrir, se flétrir et mourir. Quelques-uns qui vomissaient dans le commencement finissent par ne plus souffrir ; cependant ils vieillissent assez vite. Ce métier est fatigant. Les peintres se tiennent quelquefois sur des échelles à des hauteurs qui font tressaillir, et bien peu de gens réussiraient à s'y maintenir. Ils font souvent retentir l'air de leurs chants, sans que leur ouvrage se ralentisse ; quelquefois ils se divertissent en nous étourdissant.

(Faire servir cet exercice à reconnaître les verbes de la 2ᵉ conjugaison.)
Voyez la grammaire, paragraphes 164, 165.

47.

LE TAILLEUR.

Un métier où l'on n'a pas besoin de se mouvoir beaucoup, c'est celui de tailleur. Il faut une grande habitude pour s'asseoir des journées entières sur des planches sans pouvoir étendre les jambes. On conçoit que cette vie sans exercice ne doive pas être bien saine. Le tailleur est obligé de bien voir. Des aiguilles, du fil, de la soie, de la laine, des boutons, des épingles, des boucles, des agrafes, un mètre, de grands ciseaux, des fers et une planche pour repasser les coutures, tels sont les principaux instruments que le tailleur doit avoir à sa disposition. La grande difficulté pour un tailleur est de bien savoir couper un vêtement dans une pièce d'étoffe. Celui qui coupe bien gagne plus que celui qui coud bien. En coupant il faut suivre les mesures que l'on a prises, et prévoir l'effet de son coup de ciseau.

(Faire servir cet exercice à reconnaître les verbes de la 3ᵉ conjugaison.)
Voyez la grammaire, paragraphes 166, 167.

48.

LE BOUCHER, LE TAPISSIER.

Le boucher vend de la viande de bœuf, de vache, de veau, de mouton et quelquefois de porc. On ne doit médire d'aucun état, mais le métier de boucher ne peut pas plaire à tout le monde. On dit que l'on y gagne beaucoup d'argent, mais on y apprend à répandre le sang des animaux, et quoiqu'il ne soit pas défendu de tuer les bêtes pour s'en nourrir, la vue du sang et des chairs rend cet état peu attrayant. Il vaut mieux en prendre un autre quand on peut le faire. Je crois que le tapissier a des occupations plus agréables. Il pend, dépend, repend, étend des tapisseries, des guirlandes, des fleurs. Il s'entend à orner une fête; des cordes, des clous, des crochets, des vis, des fiches, des pointes, une petite scie, un marteau, une échelle, des poulies, sont des objets que l'on manie sans répugnance et qui suffisent pour exercer ce métier.

(Faire servir cet exercice à reconnaître les formes des verbes de la 4ᵉ conjugaison.)

Voyez la grammaire, paragraphes 168, 169.

49.

LE MAUVAIS ÉCOLIER.

Tous les jours Gustave est grondé par le maître, et hier il a été battu par ses camarades, parce qu'il est taquin, emporté et méchant. Il était détesté déjà quand il était petit. On disait qu'il avait été gâté par sa mère, mais quand il eut été conduit à l'école plusieurs fois, il fut jugé par tout le monde. S'il continue, il sera renvoyé par l'instituteur. Il aurait été déjà rendu à sa famille. Les prières auront été employées pour qu'on le garde encore. Il est pourtant bon d'être aimé par tout le monde; je ne me souviens pas d'avoir été jamais battu par mon maître. Si Gustave était plus doux, il serait traité comme les autres par ceux qui vivent avec lui. Pour que nous soyons conduits avec douceur, soyons dressés à obéir. Je ne crois pas que Charles ait été puni une seule fois cette année; nous savons que ses parents eussent été attristés s'il était arrivé qu'il fût retenu le dimanche pour sa mauvaise conduite. Étant obligé de gagner sa vie et ayant été habitué à de rudes travaux, le père Antoine n'eût pas été non plus porté à gâter ses enfants.

(Faire servir cet exercice à reconnaître les formes du verbe passif et quelques compléments indirects.)
Voyez la grammaire, paragraphes 170, 171, 172, 173, 174.

50.

LE CHAT ET LE CHIEN.

Ne réveillez pas le chat qui dort. Cela servirait à vous faire égratigner et mordre. Voyez comme d'un bond il saute sur les souris ; il tombe sur elles et ne tarde pas à les prendre. Notre chien Fidèle aime à courir dans les champs. Il décampe aussitôt la porte ouverte et disparaît ; il demeure absent pendant des journées entières. Il va là où il croit que le gibier peut paraître. Souvent il enrage de ne rien trouver ; il revient alors tout piteux. Cependant rien ne lui manque à la maison : il est né chez nous et y a grandi : il ne sort que par amour pour le vagabondage ; courir, marcher, nager, sans obéir à personne, cela lui plaît surtout. Le chat est moins coureur, il rôde seulement autour de l'habitation ; il flâne tout doucement dans le jardin : il grimpe sur les toits, descend dans les caves, sans jamais errer bien loin.

(Faire servir cet exercice à faire reconnaître les formes du verbe neutre.)
Voyez la grammaire, paragraphes 175, 176, 177, 178, 179, 180.

51.

LA TOILETTE.

Ernest a la manie de se bichonner : il passe son temps à se peigner, se pommader, s'attifer de toute façon. Il ne se trouve jamais assez beau. Il s'habille, se déshabille, et se rhabille plusieurs fois par jour. Il s'est garni un feutre avec un beau galon et des glands magnifiques. Il s'est acheté des guêtres pour se chausser à la mode. Trouvant que sa veste s'usait, il en demande une autre à sa mère et se fâche parce qu'on la lui refuse. Il se promène avec fierté après la messe quand il s'est bien endimanché. Il se pavane et se rend ridicule.

Louis au contraire ne se soigne pas assez : il se hâte de se vêtir : je me souviens qu'il s'est sauvé à l'école avec un pied dans un soulier, l'autre pied dans un sabot. Il se néglige et se nuit beaucoup. Il faut se tenir propre, se laver, se peigner, s'habiller complétement, ne pas se salir, ne pas se déchirer, ni se débrailler.

(Faire servir cet exercice à reconnaître les verbes pronominaux.)
Voyez la grammaire, paragraphes 181, 182, 183, 184, 185, 186.

52.

LE MAUVAIS TEMPS.

Nous ne pouvons pas aller à la campagne, parce qu'il fait mauvais temps. Depuis quelques semaines il ne cesse de pleuvoir. Il a plu avant-hier, il a plu encore hier, il pleut aujourd'hui, et il est presque certain qu'il pleuvra encore demain. Nous aimons mieux quand il fait un temps sec. Quelques personnes disent qu'il est nécessaire qu'il neige beaucoup en hiver, parce que, s'il tombe beaucoup de neige, les sources des cours d'eau sont bien fournies et on n'a pas à craindre la sécheresse qui est si nuisible pendant l'été. D'autres personnes prétendent qu'il faut aussi qu'il gêle. Quand il a gelé longtemps, les insectes et les animaux nuisibles, qui détruisent les graines et les germes qui sont dans la terre, meurent par l'effet du grand froid. Quand il tonne souvent au mois d'avril, on dit dans les pays où l'on récolte du raisin, que la vendange sera bonne. Le mois de mars est ordinairement l'époque où il vente très-fort; c'est un mois bien rude quelquefois. Mais le plus grand malheur pour les moissons et pour les récoltes de toute espèce, c'est quand il grêle longtemps, et sur une grande étendue de pays : c'est la ruine de bien des gens.

(Faire servir cet exercice à reconnaître les verbes impersonnels.)
Voyez la grammaire, paragraphes 187, 188, 189.

53.

Un enfant obéissant dit : puisqu'il faut travailler, je travaillerai : je dois finir mon ouvrage, je le finirai ; quand il faudra recevoir des reproches, je les recevrai ; si l'on me dit de me rendre à l'école, je m'y rendrai. Je travaillerais moins bien si je songeais à jouer, et je ne finirais pas promptement ma besogne, je recevrais pour sûr des reproches, et je me rendrais fort malheureux. Quand on me dit : travaille, je travaille ; quand on me dit : finis, je finis ; quand on me dit : reçois tes petits amis, je les reçois ; quand on me dit : rends-leur visite, je leur rends visite. Si j'aime mon père, il faut aussi que j'aime ma mère, mes frères et mes sœurs. Si je finis mon devoir, il faut aussi que je finisse celui de Paul, pour qu'il ne reçoive pas des réprimandes quand je reçois des compliments. Si je rends les joujoux que l'on m'a prêtés, il faut aussi que je rende les livres que j'ai lus.

(Faire servir cet exercice à reconnaître la formation du futur, du conditionnel, de l'impératif, temps dérivés, à l'aide du présent de l'infinitif et du présent de l'indicatif, temps primitifs.)
Voyez la grammaire, paragraphes 190, 191, 192, 193, 194, 195.

54.

LE PARESSEUX.

Le paresseux est obligé souvent de se dire : j'aimai trop longtemps la paresse, il eût mieux valu que j'aimasse le travail. Je finis dernièrement la lecture d'un livre amusant, il eût mieux valu que je finisse un bon devoir. Je reçus la visite de nos amis, il eût été préférable que je reçusse de bonnes leçons de mes maîtres. Je rendis le mal pour le bien ; n'eût-il pas mieux valu que je rendisse le bien pour le mal ? En aimant la paresse, j'aimais mon plus grand ennemi ; en finissant par me perdre, je finissais par perdre aussi l'amitié de ceux qui me chérissaient : en recevant mal leurs conseils, je recevais mal le remède à tous mes maux, et en rendant inutiles leurs bons soins, je me rendais malheureux moi-même. J'ai aimé ne rien faire, j'eusse gagné à travailler. Si j'avais aimé mes parents, j'aurais travaillé, j'eusse senti le plaisir d'être récompensé. Quand j'aurai vu toutes les suites honteuses de la paresse, je me dirai : je suis perdu, je me suis trompé. Comment se fait-il que j'aie repoussé les bons avis, il fallait que j'eusse perdu le sens pour avoir abandonné la bonne voie. Ayant été bien dirigé, j'aurais dû me laisser conduire.

(Faire servir cet exercice à reconnaître l'imparfait du subjonctif formé du parfait défini, l'imparfait de l'indicatif formé du participe présent et les temps composés formés par le participe passé.)
Voyez la grammaire, paragraphes 196, 197, 198, 199.

55.

LES ÉTRENNES.

Je donne à Marie un bracelet, un chapeau, un col brodé, tu lui donnes une ceinture, une robe, un manchon, des rubans ; papa et maman lui donnent un voile, une broche, un manteau, des manchettes, un peigne d'écaille et des pendants d'oreilles ; elle ne pourra pas se plaindre, et nous pourrons dire que nous l'avons habillée au complet. Non, car il lui manque encore des bottines : elle les achètera elle-même ; je ne les lui achèterai pas.

Joseph et Alfred reçoivent de belles étrennes, parce qu'ils se conduisent bien. Jacques ne reçoit rien parce qu'il ne mérite pas de récompense.

Ernestine a des garnitures au bord de ses manches, elle appelle cela des manchettes : elle est bien fière de sa garniture de corail et de sa parure de perles.

Adèle a ourlé et brodé un mouchoir de mousseline, puis un de batiste.

Deux voleurs ont coupé le pan d'habit de mon oncle, et la pelisse de ma tante au milieu de la foule.

(Faire servir cet exercice à reconnaître que le verbe a changé de terminaison suivant que le sujet était à la 1re, à la 2e, ou à la 3e personne du singulier ou du pluriel.)
Voyez la grammaire, paragraphes 203, 204.

56.

LE PEU DE SOIN DES VÊTEMENTS.

En jouant, Philippe a déchiré l'habit d'Eugène ; Hippolyte s'est fait un accroc en grimpant sur le cerisier ; leur mère les a grondés en les voyant revenir dans un état si débraillé. L'un avait perdu ses bas, l'autre ses bretelles : la casquette d'Henri n'avait plus de visière. Amélie avait recousu sa coiffe en passant chez sa cousine, mais sa chaussure était mouillée, parce qu'elle avait mis ses pieds dans l'eau au bord de l'étang ; son cotillon était rempli de boue, sa mère l'a battue en la déshabillant. Tous ces gamins porteront des vêtements rapiécés, et mal raccommodés, en punition de la faute qu'ils ont commise. On les a punis en remplaçant leurs souliers mouillés, par des sabots grossièrement taillés. Lundi, à l'école, ils auront leur veste retournée et le bonnet d'âne placé sur la tête.

(Faire servir cet exercice à reconnaître les participes présents et les participes passés.)

Voyez la grammaire, paragraphes 203, 206.

57.

LA TAILLE DES ARBRES.

Ma serpe a été abîmée quand j'ai taillé le saule, j'y ai trouvé des branches gênantes que j'ai voulu abattre. Ma cognée m'aurait mieux servi dans ce taillis. Mon sécateur et mes ciseaux sont repassés à neuf, et ils sont très-coupants depuis qu'on me les a rapportés. Quelque temps après la vendange on a coupé toutes les pousses desséchées de la vigne que l'on appelle des sarments. Ces branches sont mises en paquets, on s'en sert comme de fagots propres à allumer le feu. Celles que l'on a gardées avec soin seront plantées dans le terrain dont les ceps étaient trop épuisés à cause de leur âge. Quelques-unes sont réservées pour faire une treille grimpante dont les rejets

5.

viendront en se croisant jusqu'à ma fenêtre. Le feuillage, la verdure reposent les yeux quand ils ont été éblouis par la lumière fatigante du soleil.

(Faire servir cet exercice à reconnaître l'accord du participe présent et du participe passé avec le nom auquel il se rapporte.)
Voyez la grammaire, paragraphes 207, 208.

58.

LES ROSES.

Ce bouquet de roses est bien beau; mais il nous a coûté beaucoup de peine. Tantôt nous avons été au jardin ensemble, Eugène, Marguerite et moi, et nous avions entendu dire hier à notre tante qu'elle aimait les roses plus que les autres fleurs. Voilà un moyen de lui faire un très-grand plaisir. Nous avons été là-bas assez loin dans le parterre avec de grands ciseaux; mais sans nous y prendre trop mal nous nous sommes piqués bien souvent aux épines dont les rosiers sont largement couverts. D'abord nous prenions les branches avec nos doigts; ensuite nous ne les touchions qu'avec les ciseaux, et Marguerite avait mis des gants. Sans doute elle risquait moins, mais il lui arrivait encore d'être prise. Elle ne pourrait pas dire non. Peut-être même que sa robe est déchirée, premièrement parce qu'elle passait entre les rosiers, secondement parce qu'elle s'est accrochée au buisson en courant. Nous avons cueilli des roses blanches, des roses jaunes, des roses couleur de chair, des roses rouges couleur de sang, des roses moussues qui sont les plus jolies de toutes, assurément.

(Faire servir cet exercice à reconnaître les adverbes et leurs différentes significations.)
Voyez la grammaire, paragraphes 209 jusqu'à 217.

59.

LES FRUITS.

Venez dans le jardin si vous voulez manger des fruits :

le long des allées vous trouverez des fraises; ramassez-les
avec Pierre dans une corbeille : sur les groseilliers il y a
cette année tant de grappes que nous ferons de la confiture. Près de cette haie, vous rencontrerez des framboisiers
dont le fruit donne à la confiture un goût très-fin. Nous
en avons mangé chez votre maman. Devant la treille qui
s'appuie contre la muraille, voyez sur cet arbre ces gros
fruits. Ils sont mûrs seulement pour l'hiver, ce sont des
coings. Ne ramassez pas ces prunes sous l'arbre : elles
sont véreuses; c'est pour cela qu'elles sont tombées. Mais,
sans aller loin, l'espalier voisin vous offrira de beaux abricots, et de ce pêcher vous pourrez prendre aussi quelques
pêches magnifiques pour porter à votre maman. Quant à
Paul, depuis le déjeuner il a mangé trop de fruits malgré
ma défense : aussi il n'aura rien à son goûter : jusqu'à quatre heures il ne pourrait manger sans se faire
mal. Les cerises sont difficiles à digérer. Les noisettes sont
déjà mûres, mais les noix ne le sont pas encore. Les
amandiers sont en fleurs de très-bonne heure : ils ont été
abîmés par la gelée.

(Faire servir cet exercice à reconnaître les prépositions avec leur signification et leur régime.)

Voyez la grammaire, paragraphes 218 jusqu'à 226.

60.

LA PÊCHE.

Mon cher enfant, je t'ai dit et je te répète que si ton
papa ne revient pas, tu n'iras pas à la pêche, ni avec tes
frères, ni avec tes cousins. Quand on est petit comme
toi, on reste à la maison pour que les autres ne soient pas
embarrassés. Ainsi tu feras mieux de jouer maintenant
que de bouder, car cela n'est pas beau. Puisque tu as vu
dans ton livre, depuis que tu sais lire, que le petit Georges
était tombé à l'eau pendant que ses frères s'amusaient au
bord de la rivière, et qu'il était mort sans qu'on pût le
retirer, tu vois donc qu'il faut être raisonnable. Viens avec
moi cependant; quoique nous devions rester à la maison;

nous allons préparer les avirons pour la barque, les lignes, les gaules, les hameçons, les appâts, les petits et les grands filets, l'épervier, la seine, les nasses. Tout cela sera placé demain matin dans le bateau, afin que l'on parte de bonne heure. La pêche sera bonne à moins qu'il ne fasse du vent. Les brêmes, les brochets, les carpes, les tanches, les perches, les barbeaux, les anguilles, les truites, et le menu fretin, le goujon, l'ablette et les autres n'ont qu'à bien se tenir pour ne pas être frits dans la poêle.

(Faire servir cet exercice à reconnaître les conjonctions.)
Voyez la grammaire, paragraphes 227 jusqu'à 234.

64.

LA MIGRAINE, LA FIÈVRE, LE DEVOIR.

Ah! j'ai mal à la tête. — Hélas! je ne puis te guérir! — Ah! aie! j'ai des élancements, cela me donne des coups comme avec un marteau! holà! holalà! — Il faut vous coucher, c'est la migraine. — Ouf! je ne puis plus respirer.

Hé! bonjour Charlot, comment vas-tu? — Oh! je ne vais pas mal : c'est M. Laurent qui est bien malade. — Ah! bah! quelle maladie a-t-il donc? — Il a une fièvre cérébrale, à ce que dit le médecin. — Oh! ciel! c'est grave. — Mais depuis deux jours cela va un peu mieux. — Ah! bon! bravo!

Montrez-moi votre devoir pour demain : c'est cela? Fi donc! Dieu! que c'est mal fait! pouah! le vilain défaut que la paresse! Et votre leçon, récitez-la. Allons! bien! courage! vous la savez assez bien.

Chut, ne parlez pas si haut, vous réveilleriez votre petit frère.

(Faire servir cette leçon à reconnaître les interjections.)
Voyez la grammaire, paragraphes 235 jusqu'à 242.

62.

Phrases à analyser conformément au modèle indiqué dans la Grammaire et aux principes énoncés aux paragraphes 248, 249.

1. Le canard aime l'eau. — 2. L'étang est grand. — 3. Les herbes sont nombreuses. — 4. La nacelle marche bien. — 5. La politesse est une bonne habitude. — 6. Je t'ai dit que ta nourrice était venue. — 7. Notre oncle a tué quelques perdrix. — 8. Cette chasse est fort belle, assurément. — 9. Le blé est le premier de tous les grains pour la nourriture de l'homme. — 10. Quand le ruisseau est à sec, le moulin ne peut pas moudre. — 11. Le petit Jacques disait : Oh! que j'ai froid! — 12. Paul pleurait et criait : Ah! que j'ai faim! — 13. Ne prends pas ce fruit, il est mauvais. — 14. J'ai vu ton jardin, viens voir le mien. — 15. Il faut que je travaille auparavant. — 16. On partira sans toi. — 17. Chacun est déjà prêt. — 18. Les bêtes ont leurs maladies comme les gens. — 19. Trente personnes ont péri. — 20. Cette route est longue de deux kilomètres. — 21. Chaque enfant doit avoir son livre.

Voyez la grammaire, paragraphes 248, 249.

63.

Suite des phrases à analyser.

22. Ces fleurs ont une certaine odeur. — 23. Émilie s'est blessée en se jetant à terre. — 24. Vos poules ne pondent pas; les miennes m'ont donné des œufs hier. — 25. Celle-ci n'en a pas donné encore. — 26. Celle-là en donne un tous les jours. — 27. Cela est fort agréable quand cela dure. — 28. C'est ce que je dis souvent. — 29. J'aime les gens qui sont bons pour les animaux. — 30. Que mangerez-vous ce soir? — 31. Il n'y a rien dont j'aie envie. — 32. Choisissez entre ces morceaux : lequel voulez-vous? — 33. L'un est trop gros, l'autre est trop petit. — 34. Jouer est agréable, mais finit par fatiguer. — 35. Alphonse aime mieux travailler. — 36. Si l'on s'a-

musait toujours, on resterait ignorant. — 37. Les bestiaux ont mangé toute la luzerne. — 38. Il suffit que j'aie vu votre père. — 39. Je partirai plus content puisqu'il va mieux. — 40. Dans quelques jours je serai débarrassé. — 41. Nous pourrions tous nous réunir chez vos bons parents au mois d'août.

Voyez la grammaire, paragraphes 248, 249.

Exercices sur les verbes défectifs et sur les verbes irréguliers.

Les exercices sur les verbes irréguliers sont rejetés ici pour qu'ils n'interrompent pas la suite des dix parties du discours : ce travail étant assez aride, mais indispensable, il vaut mieux s'en occuper quand les élèves ont déjà revu la grammaire entière en faisant les exercices précédents. Alors on recommence les premiers exercices en intercalant un exercice sur les verbes irréguliers. Cela fatigue moins les élèves. Paragraphes depuis 250 jusqu'à 338.

64.

VERBES ALLER, ENVOYER.

Si tu veux aller sur le boulevard, je vais t'habiller, mais tu vas te tenir tranquille ; ton frère va venir, vous allez partir aussitôt : allons dépêche-toi. Les soldats vont être passés. J'irai voir chez la voisine.

Comme j'allais à l'esplanade, je suis allé aussi chez mon oncle hier, j'allai seulement une heure à la promenade. Il faut que tu ailles plus vite, pour que nous allions dîner à la campagne. J'enverrai dire à nos amis qu'il faut qu'ils aillent nous attendre. Si j'envoie trop tôt on ne le trouvera pas ; il sera allé à la maison : dites-lui qu'il nous envoie avertir aussitôt qu'il le pourra. Si je paie il n'est pas nécessaire que tu paies aussi ; nous ne devons pas payer à deux, à moins que nous ne payions la moitié de la somme. Tu paieras tout, si tu veux. Non, je prétends que vous payiez au moins un tiers. Mais si les enfants ne payaient pas, et si nous ne payions pas non plus, la somme serait bien peu de chose.

(Faire servir cet exercice à reconnaître les formes des verbes *aller* et *chroyer*, paragraphes 250, 251.)

L'élève doit dire le temps, le mode, et, s'il y a lieu, la personne, le nombre, le genre.

65.

VERBES EN CER ET EN GER.

En agaçant ce chien vous vous ferez mordre ; il commençait à se tenir tranquille, vous l'avez dérangé. Son grognement n'annonce rien de bon. Il mangeait sa pâtée, il suçait les os du poulet : ne le dérangeons plus.

La chatte est si gourmande qu'elle ne mange pas le pain saucé : nous ne nous chargeons pas de lui donner de la viande. Cette bête enfonce toujours ses griffes dans les mains de ceux qui songent à la caresser : elle n'a pas une mine engageante : ménageons nos mains en les plaçant hors de sa portée.

Exerçons-nous à la patience et ne nous vengeons pas de nos ennemis. Encourageons ceux qui font le bien, et menaçons ceux qui font le mal : corrigeons nos défauts avant de songer à ceux des autres.

En négligeant de se bien tenir, et en se lançant trop fort, Henri ne songeait pas qu'il y eût du danger à se balancer. Mais il affligea sa mère en tombant. Heureusement que le sable le protégea dans sa chute : il est soulagé depuis qu'on l'a saigné au bras.

(Faire servir cet exercice à reconnaître les formes des verbes en *cer* et en *ger*, paragraphes 253, 254, 255, 256.)

66.

APPELER, JETER.

Vous irez appeler Louis pour qu'il achève son travail : celui d'entre vous qui aura le plus tôt terminé viendra avec moi chercher de beaux fruits qui serviront à notre goûter. Je l'appelle, mais il ne vient pas : il s'amuse à jeter de petits cailloux dans la pièce d'eau du jardin; à chaque pierre qu'il jette un grand rond se renouvelle dans le réservoir. Il aime mieux cela que de feuilleter son livre : cependant il épelle encore assez mal pour un enfant de son âge. Je l'appellerai moi-même : peut-être viendra-t-il plus tôt. Appelons-le ensemble. Il a entendu qu'on l'appelait. Voilà qu'il jette ses derniers cailloux pour venir enfin travailler.

Maintenant appelons Georges, qui n'est pas beaucoup plus pressé. Marie l'appelle depuis longtemps sans pouvoir le faire venir. Il dira comme toujours qu'on ne l'a pas appelé. Il vient : le petit drôle s'était caché dans la remise pour nous jouer un tour.

(Faire servir cet exercice à reconnaître les formes des verbes en *eler* et en *eter*, paragraphe 257.)

67.

ACQUÉRIR.

Tandis que Pierre acquiert encore du terrain, toi tu acquiers des connaissances, et moi, en vous instruisant, j'acquiers souvent de la patience, de sorte que nous acquérons tous quelque chose. Beaucoup de gens acquièrent du bien sans trop songer comment ils le paieront : mais emprunter n'est pas acquérir. Tandis que Paul acquérait la vigne de Jacques, celui-ci acquit la chaumière de son voisin ; c'est en ce temps que nous acquîmes le château du bourg. Notre père nous dit alors : je n'acquerrai plus rien dans ce pays. Pour nous, c'est différent, nous acquerrions volontiers le bois qui touche à l'étang. Acquérez si vous pouvez. Moi, pour que j'acquière, il faut que j'aie l'argent tout prêt, car je paie en acquérant. S'il fallait que j'acquisse sans payer, je dirais : c'est un bien mal acquis.

(Faire servir cet exercice à reconnaître les formes du verbe *acquérir*, paragraphe 258.)

68.

ASSAILLIR ET BOUILLIR.

Nous sortions à peine du port, que l'orage nous a assaillis. Je me doutais bien que la pluie nous surprendrait, mais je ne croyais pas que le vent nous assaillît. Il est bien rare qu'à cette époque quelque gros temps ne nous assaille pas du côté de l'Ouest. En nous assaillant ainsi il nous pousse à la côte. Si nous étions au soir ou au matin, il nous assaillirait d'une manière plus dangereuse encore.

Je bous d'impatience. L'eau ne bout pas encore. Nous bouillons d'une grande ardeur dont vous ne bouillez pas tous les jours. Les cafetières bouillent sur le feu, comme elles bouillaient hier à cette heure. Quand l'eau bouillira, le couvercle se soulèvera, comme quand elle bouillit dernièrement avec tant de force. Il faut absolument qu'elle bouille pour produire de la vapeur. Ne croyez pas que nous bouillions plus que vous ne bouillez vous-même. Nous sommes au contraire très-froids. Il fallait que le thé bouillît en quelques minutes, il le faut à peine bouilli, le tout est de le boire bouillant.

(Faire servir cet exercice à reconnaître les formes des verbes *assaillir* et *bouillir*, paragraphes 259, 261.)

69.

BÉNIR, CONQUÉRIR, COURIR, CUEILLIR.

Jacob a été béni par Isaac à la place de son frère Esaü. Votre chapelet a été bénit et votre médaille a été bénite aussi, dans le voyage que j'ai fait à Rome. Les enfants sages sont bénis de Dieu.

A peine arrivé dans le pays, le roi en conquit une grande partie : mais il ne suffit pas de conquérir par les armes, il faut qu'un peuple soit conquis par les bienfaits. L'Algérie a été conquise par des guerres continuelles.

Quand le cheval court, l'essieu crie ; il n'est pas graissé ;

cours chercher ce qu'il faut. — J'y cours. — Moi aussi.
— Si vous courez tous, il ne restera personne pour m'ai-
der. Si je courais comme je courus jadis, la bête ne pourrait plus suffire. Je ne courrai avec elle que bien rarement.
Il faut cependant que je coure quand je suis pressé. Votre
frère voulait que je courusse au grand trot, je m'y suis
refusé. Si j'eusse couru ainsi en montant la côte, nous
eussions été exposés à ne plus courir et même à ne plus
marcher en la descendant. Je lui dis donc : cours si tu
veux, mais n'espère pas que nous courions aussi.

Attends que je cueille cette fleur : le bouquet que je
cueillis fit bien plaisir à ma mère et j'en cueillerai un
toutes les fois que je pourrai ; d'abord en les cueillant
j'apprends à connaître les fleurs que je cueille, mieux que
celles qu'un autre m'aurait cueillies.

(Faire servir cet exercice à reconnaître les formes des verbes *bénir*, *conquérir*, *courir*, *cueillir*, paragraphes 260, 262, 263, 265.)

70.

DORMIR, FUIR.

Ne viens pas me réveiller si je dors. Non ; tu n'es sage
que quand tu dors. Nous ne dormons plus bien depuis que
le forgeron demeure près de nous : je ne m'endormis les
premiers jours qu'à près de minuit. Il faut cependant que
je dorme ; je prendrai sans doute l'habitude de dormir,
quoique j'entende en dormant son marteau frapper sur
l'enclume.

Si je fuis ce pays, nous fuyons peut-être un inconvé-
nient pour tomber dans un autre. Les hirondelles s'en-
fuient à l'approche de l'hiver. Si nous fuyions pareille-
ment, nous éviterions les grands froids.

Poursuivi par la garde, le voleur saute par la fenêtre et
s'enfuit à belles jambes. Quand vous entendîtes parler de
l'incendie voisin vous fuîtes promptement vers votre demeure.

Nous fuirons les chaleurs de l'été en nous transportant sur le bord de la mer.

Il est nécessaire que tu fuies les mauvaises sociétés, comme il faut que nous fuyions les animaux dangereux. Il semblerait naturel que tu fuisses devant une vipère, si tu n'avais pas de bâton pour l'écraser. Ainsi l'on n'évite certains vices qu'en les fuyant. Combien eussent été préservés s'ils se fussent enfuis !

(Faire servir cet exercice à reconnaître les formes des verbes *dormir* et *fuir*, paragraphes 266, 267.)

71.

HAÏR, MENTIR.

On peut fuir les gens sans les haïr. Quand je te gronde je ne te hais pas, je hais seulement le mal que tu fais. Nous ne haïssons pas nos enfants ; nous les aimons au contraire quelquefois trop ; mais c'est vous qui haïssez le travail. Si vous haïssiez la paresse et la dissipation, nous vous chéririons de plus en plus.

Il est fâcheux que les méchants haïssent les gens de bien : nous ne haïrons pas pour cela les méchants ; nous prierons Dieu qu'il ne les haïsse pas, mais qu'il change leur cœur. Souvent quelqu'un ne vous hait que parce qu'il a vu que vous le haïssiez. Dieu dit : hais le péché, mais non le pécheur.

Si je mens, dit le coquin qui avait été pris, que l'on me pende. Si vous mentez, l'on ne vous pendra pas, mais on ne vous croira plus : qu'il mente ou qu'il dise vrai, le menteur n'est plus écouté. En mentant, on perd la confiance de tout le monde : on est méprisé parce que l'on a menti.

(Faire servir cet exercice à reconnaître les formes des verbes *haïr*, *mentir*, paragraphes 268, 269.)

72.

MOURIR.

Je meurs de faim, nous mourons de soif : ainsi parlent des gens qui ne meurent pas du tout. Si l'on mourait toutes les fois qu'on le dit, la vie serait bien courte.

Votre tante craignant de mourir avait dit dans sa maladie : je mourrai comme mourut mon père, à l'âge de trente ans; je sens qu'il faut que nous mourions tous assez jeunes. Mais nous pensions bien qu'elle ne mourrait pas. Il n'y avait pas de danger qu'elle mourût : elle était plus fatiguée que mourante, et vous savez qu'elle n'est pas morte.

Quand Adam eut commis son premier péché, Dieu lui dit : il faut que tu meures, et que tes enfants meurent comme toi. Caïn en tuant son frère lui dit : meurs, puisque tu plais plus à Dieu que moi. Et depuis ce temps non-seulement l'homme meurt, mais il fait mourir aussi les autres hommes.

(Faire servir cet exercice à reconnaître les formes du verbe *mourir*, paragraphe 270.)

73.

OFFRIR, OUVRIR, PARTIR.

Je vous offre cette chambre pour vous reposer : nous vous offrons une bonne hospitalité, comme nous l'offrions autrefois à votre père. Il nous l'offrait aussi quand nous allions chez lui. Il m'offrit bien souvent de passer plusieurs semaines à la campagne, et je vous l'offrirai de même. Enfants, offrez à votre oncle des fruits et des gâteaux. Que l'on en offre aussi à vos cousins. Il serait beau que vous n'offrissiez pas avec empressement ce que vous pouvez offrir, en attendant qu'ils acceptent le dîner que nous leur avons offert.

La terre voisine a été vendue au plus offrant, c'est-à-dire à l'acheteur qui a offert de la payer plus cher que tous les autres. Il y a bien des personnes qui en offrent un trop bas prix. D'autres en offrent un plus élevé, et on découvre qu'ils ne peuvent pas payer le prix qu'ils ont offert.

La chasse va ouvrir : dites qu'elle est ouverte : nous ne l'ouvrons ici que plus tard. L'an dernier elle ouvrit au mois d'août. Elle n'ouvrira plus jamais qu'au 1er septembre. Je pars demain. — Ne partez pas, je vous en prie. — C'est qu'il faut que je parte. — Vous voulez donc que nous partions avec vous? — Mais oui. — Nous ne partirons que dans huit jours, vous ne partirez pas avant. — Je n'en parlerais pas s'il n'avait fallu que je partisse dès maintenant. Si je partais plus tard mes affaires en souffriraient. Émile est déjà parti depuis longtemps. Je crois que c'est il y a un mois qu'il partit. Il m'a montré le chemin en partant. — Eh bien! partez donc, mais une fois parti, ne nous oubliez pas.

(Faire servir cet exercice à reconnaître les formes des verbes *offrir, ouvrir, partir*, paragraphes 271, 272, 273, 274.)

74.

SENTIR, SERVIR.

Tu sens bien l'odeur du charbon? — Je ne sens rien du tout. — Cependant nous la sentons tous. Il y a des personnes qui ne sentent rien. Cependant en entrant je sentis cela.

Sentez ce bouquet; il sent très-bon. Si vous voulez que nous sentions chaque fleur, il faut les séparer. En les sentant toutes ensemble on ne sentirait que les plus fortes odeurs. Pour que je sentisse le jasmin il a fallu éloigner l'œillet qui sentait plus fort. J'ai à peine senti l'héliotrope.

A quoi sert cette pierre? — Je m'en sers pour aiguiser les couteaux, les ciseaux et d'autres instruments utiles à mon métier. Ces balances servaient à peser, mais elles ne servirent plus depuis l'an dernier. Il faut que je me serve de celles du voisin.

Nous nous servons d'aiguilles pour tricoter. Servez-vous de mes allumettes, les vôtres ne valent rien.

L'acajou a servi pour recouvrir cette boîte. Je ne me suis jamais servi d'armes à feu. Sers-moi une bouteille de bière. — Monsieur, vous êtes servi. — Tu me serviras aussi des gâteaux, du sucre, du café, du rhum. — Je vous servirais bien, mais je n'ai pas les clefs qui servent à ouvrir l'armoire.

(Faire servir cet exercice à reconnaître les formes des verbes *sentir* et *servir*, paragraphes 275, 276.)

75.

SORTIR, SOUFFRIR.

Je ne sors que si tu sors avec moi. Rentrez le bout de cette courroie qui sort. Ne sortez pas avec votre chaîne : tant de gens sortent ensemble, que l'on peut être volé dans la foule. La pointe de cette broche sortait quand je l'ai perdue. Je sortis pour y prendre garde. Il n'y a pas de danger que je sorte avec cette épingle de diamants, comme je sortais autrefois. Hier je suis sorti en voiture : il fallait que nous sortissions Joseph et moi. Nous sortions plus souvent quand nos enfants étaient avec nous. Je souffre beaucoup de leur absence : je pense qu'ils en souffrent aussi comme nous en souffrons nous-mêmes. Il vaut cependant mieux que nous souffrions un peu et qu'ils s'instruisent bien en pension. Le père de Paul souffrit beaucoup l'an dernier de l'ignorance de son fils. Il en a souffert encore cette année, et le jeune homme en souffrira bien plus longtemps encore. Je serais bien malheureux s'il fallait que je souffrisse autant. Ne souffrons pas tout aux enfants. Personne ne pourrait plus les souffrir. Votre mère me paraît souffrante. — Ce n'est pas qu'elle souffre beaucoup, mais cette indisposition la gêne.

(Faire servir cet exercice à reconnaître les formes des verbes *sortir* et *souffrir*, paragraphes 278, 280.)

76.

TENIR ET VENIR — TRESSAILLIR.

Comme tu tiens à venir avec nous, je veux bien que tu viennes, nous tenons nous-mêmes à t'emmener. Tu ne tiendras pas beaucoup de place dans le carrosse. Mais si Ernest était venu, comme il vint la dernière fois, nous ne tiendrions pas cinq ensemble, car il tient plus de place que deux autres enfants n'en tiendraient. Si je savais que je tinsse trop de place, je viendrais plutôt un autre jour. Bien des gens vinrent pour voir la fête, qui ne seraient pas venus sans cela. J'ai tenu aussi à ce que votre sœur vînt avec vous. Pour que nous venions tous, j'ai loué une voiture contenant beaucoup de monde. En venant hier à la maison, j'ai tressailli comme jamais je ne tressaillirai. Notre cheval s'est arrêté en tressaillant ; la roue semblait embarrassée dans quelqu'un ou dans quelque chose. Je tressaillis en voyant un corps étendu. C'était cet ivrogne de Pierre qui s'était couché sur la route. Il nous a fait une telle peur que nous en tressaillions encore le soir en nous couchant. Il dit qu'il était venu de la foire ; il y aura bu comme à son ordinaire. Votre mère tressaille en pensant que nous pouvions le tuer.

(Faire servir cet exercice à reconnaître les formes des verbes *tenir, venir, tressaillir*, paragraphes 281, 283, 282.)

77.

VÊTIR, ASSEOIR, S'ASSEOIR.

Chacun se vêt comme il peut. Je me vêts beaucoup en hiver et tu ne te vêts pas assez. Quand nous vêtons la laine, c'est signe qu'il va faire froid. Certains peuples vêtent la laine en toute saison. Si je vêtais un plus bel habit je ferais plus d'honneur à la fête : hier c'était lundi, tous les gamins vêtirent leur blouse. Dimanche, ils se vêtirent mieux pour aller à la messe. Que tu te vêtes comme tu voudras, peu nous importe, pourvu que tu viennes avec

nous. Ne fallait-il pas que les officiers revêtissent leur uniforme?

L'enfant s'est échappé à peine vêtu.

Beaucoup trompent les yeux en se vêtant bien.

Enfants, asseyez-vous; Hippolyte ne peut jamais s'asseoir; tantôt il s'assied de travers avec les jambes croi-
sées, comme s'asseyent les tailleurs, tantôt il ne s'assied
pas du tout. Asseyons-nous tous.

Après le *benedicite* chacun s'assit à sa place : je m'assis
à côté de votre père; Eugène s'assit non loin de nous.
Comme je m'asseyais, on vint me dire qu'un malade me
demandait : Eugène dit : tu ne t'assiéras donc jamais
sans qu'on te dérange. En effet, il ne faut pas que je m'asseye longtemps pour voir venir les gens. Il suffit que
nous nous asseyions.

En arrivant chez Ernest, il a fallu que chacun s'assît,
tant on était fatigué. En m'asseyant, je m'aperçus que
j'étais plus las assis que debout.

(Faire servir cet exercice à reconnaître les formes des verbes *vêtir, se
vêtir, asseoir, s'asseoir*, paragraphes 284, 285.)

78.

FALLOIR, MOUVOIR, POUVOIR.

Il faut aujourd'hui plus d'argent qu'autrefois, et qu'il
n'en fallut jamais. Si la cherté du pain continue, il faudra
que les pauvres gens meurent de faim. Il faudrait une bonne
récolte, et même deux de suite pour remédier au mal. Je
ne crois pas qu'il faille moins de trois ans pour que tout
soit réparé. Je ne soupçonnais pas qu'il fallût si longtemps.
C'est cependant le temps qu'il a fallu, il y a dix ans.

Depuis ma chute, je me meus difficilement. Toutefois
ne vous émouvez pas trop, cela peut revenir : beaucoup
se meuvent lentement qui se meuvent longtemps.

Quand on annonça l'incendie, chacun se mouvait au ha-
sard; quelques-uns mûs par la compassion versaient des
pleurs. Ce spectacle émouvra toujours ceux qui l'ont vu

:omme moi. Il émut non-seulement les femmes, mais les
iommes furent émus aussi.

Allons, meus-toi, si tu veux que l'on se meuve pour toi.
Ces gens sont avares. Pour leur tirer un peu d'argent, il a
fallu que je les émusse par mes discours. A la fin, ils se
sont émus, et ont fait quelque chose pour ces orphelins.

Je ne puis arracher l'arbre, vois si tu le peux : je le peux
en effet et je ne comprends pas que tu ne le puisses pas
comme moi.

Nous ne pouvons pas promettre de revenir demain,
mais nous pourrons sans doute partir après demain : nous
pourrions même être ici dans la journée. — Si je pouvais,
je ne me ferais pas prier.

Jamais je ne pus me résoudre à dire ce que j'avais vu.

Il faudrait cependant que nous pussions nous parler.

Pouvant m'entendre hier, il ne l'a pas voulu; il aurait
pu m'être utile.

(Faire servir cet exercice à reconnaître les formes des verbes *falloir*,
mouvoir, *pouvoir*, paragraphes 286, 287, 288.)

79.

SAVOIR, VALOIR, PRÉVALOIR.

Tu sais ta leçon, nous savons la nôtre, Paul et Jean ne
savent pas la leur; s'ils la savaient, ils la réciteraient avec
nous. Déjà hier il ne la sut pas. Il la saura peut-être aujour-
d'hui. Sache bien réciter. Il faut que nous sachions tous
avant d'aller au jardin. Ceux qui ne sauraient pas seraient
cause de notre punition.

Alphonse sait lire; il faudrait qu'il sût écrire aussi : sachant tout passablement, il n'a jamais rien su parfai-
tement.

Aussitôt que nous sûmes notre malheur nous partîmes
pour aller chez vous.

Je ne vaux pas ce que je valais autrefois : vous valez
encore plus que bien d'autres. Dans tous les cas je ne crois
pas que vous valiez moins que nous. — Que je vaille plus,

que je vaille moins, que nous valions peu ou beaucoup,
peu importe.

Combien vaut à peu près cette maison? Elle valut dix
mille francs quand mon père en hérita. Mais elle vaudra
bien plus avec les réparations qu'on a faites. Les murs du
jardin valent déjà deux mille francs de plus. Je ne croyais
pas qu'elle valût autant. Il y a cinquante ans, elle n'aurait
pas valu quatre mille francs, le terrain valant beaucoup
moins cher dans ce quartier.

Croyez-vous que son opinion prévale sur la nôtre? —
Qu'elle vaille mieux, cela est possible ; qu'elle prévale, cela
n'est pas certain.

(Faire servir cet exercice à reconnaître les formes des verbes *savoir*,
valoir, *prévaloir*, paragraphes 289, 290, 291.)

80.

VOIR, PRÉVOIR, POURVOIR, VOULOIR.

Voyez-vous? criait le charlatan sur la place : je vois, répondit Émile, que nous ne voyons rien. — Comment, vous
ne voyez pas la grande bataille des géants? — Si nous
voyions, nous le dirions bien. Il tira alors une ficelle, et nous
vîmes en effet quelques bonshommes mal habillés, comme
on en voit dans toutes les foires. Allons-nous-en, dit
Charles, nous verrons d'autres choses plus amusantes.
Voyons le théâtre de Saint-Antoine : je ne crois pas que
vous voyiez quelque chose de plus amusant. — Tu veux
que je le voie tous les ans ; il a fallu déjà que je le visse
l'an dernier. En vérité, je l'ai bien vu assez.

Je ne pouvais prévoir cela, mais je le prévoirai une autre fois. Moi, je le prévis sur-le-champ, et je pourvus à
tous les inconvénients que j'avais prévus. Nous y pourvoi-
rons ensemble, si vous le voulez bien. Il voulait que je
pourvusse aux frais de son voyage : n'était-il pas plus sage
qu'il les prévît et qu'il y pourvût lui-même? Je ne veux
plus rien faire pour lui.

Voulez-vous être de mon avis? Je voulais déjà vous en

parler : ne veuillez pas toujours ce que les enfants veulent. Ils ne voudront que rarement le bien. Il est possible qu'ils veuillent nous tromper. Si j'avais été sûr qu'ils voulussent venir, je les aurais appelés. Ils partiront, que nous le veuillions ou que nous ne le veuillions pas. Veuillez en être certain; on réussit, en voulant toujours la même chose.

(Faire servir cet exercice à reconnaître les formes des verbes *voir*, *prévoir*, *pourvoir*, *vouloir*, paragraphes 292, 293, 294, 295.)

81.

ABSOUDRE, RÉSOUDRE, ATTENDRE.

Mon enfant, je ne vous absous pas de votre faute. Si je vous absolvais, vous recommenceriez; nous n'absolvons que pour les fautes moins graves. Personne ne vous absoudra pour la paresse dont vous avez fait preuve : c'est un défaut dont il ne faut pas qu'un père de famille absolve. Pour vos légèretés au contraire, et pour votre dissipation, vous pourriez plus facilement être absous.

Édouard résolut alors de ne plus être paresseux, et je crois qu'il a bien exécuté ce qu'il avait résolu de faire, car ce n'était pas suffisant qu'il résolût d'être laborieux : se résoudre est facile, se corriger ne l'est pas autant.

Quoique le chien atteigne quelquefois le cerf à la course, la chasse devient dangereuse si le chien est seul quand il atteint le cerf. Celui-ci a sur la tête un bois qui est une arme terrible. S'il atteignait le chien dans le ventre, il le tuerait souvent d'un seul coup. Quand la meute au contraire a atteint le cerf avec ensemble, la pauvre bête ne sait plus de quel côté frapper.

L'arbre que mon père a planté atteindra bientôt la hauteur de la maison. On n'aurait pas cru qu'il l'atteignît encore de quelques années. Ce n'est pas assez que nous atteignions le toit, il faut que nous le dépassions. Dans les quinze premières années, nous atteignions à peine le deuxième étage : la seizième année, les branches atteignirent presque les fenêtres du troisième étage. Dans deux ans le haut du toit sera atteint.

(Faire servir cet exercice à reconnaître les formes des verbes *absoudre, résoudre, atteindre,* paragraphes 296, 297, 298.)

82.

PEINDRE, TEINDRE, ÉTEINDRE, EMPREINDRE, FEINDRE, ASTREINDRE.

C'est au moyen des couleurs que l'on peint. Il faut que le peintre peigne jusqu'à trois fois le bois neuf pour lui donner une bonne teinte. C'est au moyen de couleurs délayées que le teinturier teint les étoffes. Les peintres en bâtiment peignent les objets qui servent dans la construction des maisons, le bois, le fer, le zinc, la pierre, etc. Mais les peintres qui font des tableaux peindront tout ce qui peut être représenté par des couleurs : pour que nous peignions ainsi, il faut que nous sachions dessiner. Nous avons vu beaucoup de peintres à Paris. L'un peignait les arbres, l'autre peignait les animaux. J'en ai vu peignant des fleurs; d'autres avaient peint des personnes. Ce sont les faiseurs de portraits.

Éteins avec soin le feu en te couchant. Paul n'éteignit pas bien sa bougie avant-hier, il faillit mettre le feu : nous éteignîmes facilement ce commencement d'incendie. Mais son visage était empreint d'une grande terreur, quoiqu'il feignît d'être calme et bien rassuré. Nous feignions aussi de ne plus avoir peur, mais nous étions cependant émus : nous saurons l'astreindre à ne plus lire dans son lit.

(Faire servir cet exercice à reconnaître les formes des verbes *peindre, teindre, éteindre, empreindre, feindre, astreindre,* paragraphes 298, 299.)

83.

BATTRE, COMBATTRE, DÉBATTRE.

Le forgeron bat le fer avec un marteau. Tu bats le bois avec un maillet; il y a des machines qui battent le blé.

Nous battons les œufs pour faire une omelette. Vous battez le lait pour faire du beurre, et je bats la mesure avec mon pied.

Nous sommes arrivés quand Jean battait son grain. Il faisait bien de la poussière.

Les maçons abattront la maison d'à côté : ils ont abattu déjà la toiture. Il faut qu'ils abattent les murs avec précaution. C'est avec la pioche qu'ils abattirent celle du voisin.

S'il faut que je vous batte pour vous faire travailler, je combattrai votre paresse, même avec le martinet. Le martinet ne devrait nous servir que quand nous battons les habits pour en faire sortir la poussière.

La mer battait hier le port au niveau de ce poteau. Le vent a été abattu par la pluie.

Le poisson se débat souvent au bout de la ligne et casse ou décroche l'hameçon.

(Faire servir cet exercice à reconnaître les formes des verbes *battre*, *combattre*, *se débattre*, paragraphe 300.)

84.

BOIRE.

On dit « qui a bu boira » : c'est pour dire que celui qui a l'habitude de boire, de s'enivrer, perdra difficilement cette habitude. Je ne bois volontiers que très-peu de vin. Tu bois trop d'eau quand tu as chaud, cela fait mal. Plus l'ivrogne boit, plus il veut boire. Ne buvons jamais plus que notre soif ne l'exige. Si vous buvez trop froid en été vous pouvez vous rendre bien malades. Les gens prudents boivent peu à la fois. Si je buvais autant que vous, je serais dans un triste état, mais je ne boirai que de l'eau et du vin. Il y a des gens qui boiraient toute la journée. Quand un cheval a bien marché, il faut qu'il mange avant qu'il boive. Celui de Gustave but un jour un demi-seau d'eau au retour, et ils ont failli le perdre.

Bois encore, puisqu'il faut que nous buvions à nous

deux cette tisane. S'il fallait que j'en busse autant tous les jours, je n'y tiendrais pas. — J'en ai assez bu. — C'est en buvant que tu te guériras.

(Faire servir cet exercice à reconnaître les formes du verbe *boire*, paragraphe 301.)

85.

BRAIRE, CLORE, CONCLURE, EXCLURE.

Entends-tu nos moutons braire? Le troupeau tout entier brait quand je clos la porte du parc. Si tu as clos plus tôt que d'habitude, ils brairont encore plus fort. Je ne la clorai pas avant ce soir. Hier à cette heure-ci elle était déjà close. De tous côtés le champ est clos par une haie et le fossé le clôt encore. J'en conclus qu'ils ne peuvent t'échapper pour faire du dégât dans les propriétés voisines; nous concluons comme vous que c'est impossible.

Je ne conclurai pas de marché avec mon cousin. Nous nous séparerons sans rien conclure. Celui que je conclus l'an dernier ne m'a pas été avantageux. Il serait bon que nous en concluions un autre au sujet de nos récoltes. Il est nécessaire que je conclue à raison de cent francs pour chacun de mes prés. Ce n'est pas encore une affaire conclue.

Votre frère a été exclu de l'école parce qu'il n'était pas sage. Tâchez de ne pas vous faire exclure aussi. Le maître exclut ainsi tous les mauvais élèves.

Les gens bien élevés excluent de leur société les gens grossiers et malhonnêtes.

(Faire servir cet exercice à reconnaître les formes des verbes *braire, clore, conclure, exclure,* paragraphes 302, 303, 305.)

86.

CONNAÎTRE.

Je connaissais fort peu Ferdinand l'année dernière; je le connus seulement pendant quelques jours. Vous le connaissez mieux que moi, et presque tout le monde ici le connaît. On le reconnaîtra donc facilement à son arrivée.

Les personnes qui connaissent la politesse ne voient pas, sans les saluer, les gens qu'ils ont autrefois connus.

Avant de devenir votre ami, il faut que je vous connaisse.

Pour connaître les règles de l'arithmétique, il serait nécessaire que nous connussions la table de multiplication. En la connaissant bien, on travaille beaucoup plus vite. Reconnaissez votre erreur et vous serez bientôt excusé. Reconnaîtriez-vous facilement un nombre pair et un nombre impair? — Comment voulez-vous que je les connaisse? On ne m'en a jamais parlé. — Vous connaissez les nombres deux, quatre, six, huit, dix? — Certes, je les connais. — Vous connaissez aussi les nombres un, trois, cinq, sept, neuf? — Oui. — Eh bien! reconnaissez maintenant que les premiers sont les nombres pairs, et les seconds les nombres impairs.

(Faire servir cet exercice à reconnaître les formes du verbe *connaître*, paragraphe 806.)

87.

COUDRE, DÉCOUDRE, RECOUDRE.

Méchante enfant, vous avez décousu votre tablier : il faut maintenant que je le recouse. Il était inutile que je le cousisse avant-hier pour le voir décousu aujourd'hui. Nous ne faisons ici que coudre et recoudre pour vous. — Je coudrais bien volontiers, si on me laissait faire. Je couds déjà des robes pour ma poupée. — Ce que tu couds est tout à fait beau à voir; tes points sont longs d'un travers de doigt. Emma coud bien mieux que toi, quoiqu'elle ne soit pas plus âgée. — C'est qu'elle cousait déjà depuis un an quand j'ai commencé. Nous cousons quelquefois ensemble. — Mais vous ne cousez pas de la même façon. — Je cousis moins bien jusqu'ici, mais je coudrai mieux dorénavant. — Couds moins et couds mieux, car c'est en cousant doucement d'abord que tu apprendras à coudre bien et vite.

(Faire servir cet exercice à reconnaître les formes des verbes *coudre*, *découdre*, *recoudre*, paragraphe 307.)

88.

CRAINDRE, PLAINDRE.

Je crains bien que tu ne tombes malade. Tu ne crains pas assez la fatigue. — Vous craignez sans raison. Je ne suis pas aussi fatigué que je craignais de l'être.

Nous vous plaindrions très-sincèrement si nous ne craignions de vous importuner.

Les personnes qui craignent tout, n'arriveront jamais à rien.

Paul qui craignit si longtemps la mer, ne la craint plus depuis son dernier voyage. Il l'a crainte au départ. Il ne la craignait plus déjà à l'arrivée. Il est bon qu'un homme craigne peu de chose.

Craignez de mal faire et de déplaire à Dieu : craignons de nuire à nos semblables par nos actions et par nos discours. Il faut que nous craignions tous ceux qui parlent mal de leur prochain.

Tandis que vous plaigniez votre frère, il se portait à merveille, et lorsque vous ne craigniez déjà plus rien, c'est alors qu'il était vraiment malade.

Emilie s'est souvent plainte de l'éloignement qui la séparait de vous : elle craindra de ne plus vous revoir si vous partez encore.

(Faire servir cet exercice à reconnaître les formes des verbes *craindre* et *plaindre*, paragraphe 308.)

89.

CROIRE.

Croyez à la grandeur et à la bonté de Dieu. Ceux qui sont heureux croient que leur bonheur durera toujours.

Je crois qu'ils se trompent. Crois-tu échapper à l'œil de Dieu quand tu fais mal? Celui qui le croira se trompera. Nous croyons que Dieu voit tout. Si on croyait le contraire, on l'offenserait plus souvent. Il est bon qu'on croie à sa toute-puissance.

J'avais toujours cru que votre famille viendrait à Paris? — Nous le crûmes longtemps nous-mêmes : il était naturel que nous le crussions, puisqu'elle le croyait elle-même. Mais nous le croyions à tort : elle n'a pu quitter l'endroit qu'elle habite.

En vous croyant je ne m'expose pas. Que je croie ou que je ne croie pas ce que vous dites, les choses se passeront de la façon que vous le voulez.

Les anciens crurent que la terre était immobile : beaucoup de gens le croient encore.

(Faire servir cet exercice à reconnaître les formes du verbe *croire*, paragraphe 310.)

90.

CROÎTRE, DÉCROÎTRE, ACCROÎTRE.

Savez-vous où croît le café? On m'a dit qu'il croissait dans un pays lointain appelé l'Arabie. Longtemps il ne crût que là. Mais on planta des caféiers en Amérique, et ils y crûrent très-bien. Quand l'homme vertueux sème dans son champ, Dieu dit à la graine : croîs et multiplie. Mais le grain de l'impie ne croîtra pas aussi bien que croît celui de l'honnête homme.

L'hiver ne vient pas sans que les jours décroissent, la nuit vient de bonne heure. Au contraire, au printemps, le jour va croissant, et la durée de la lumière s'accroît ainsi jusque dans le mois de juin.

L'avare dit : accroissons notre fortune. Le juste dit : croissons en sagesse. Ce n'est pas assez que je croisse en richesse, il vaudrait mieux que je crûsse en vertu.

On a cru longtemps que le coton croîtrait en Europe,

6.

mais il n'y croît pas aisément. Si chaque plante croissait d'elle-même, l'homme n'aurait plus besoin de travailler. Cependant il n'a crû en science que par le travail.

La disette a été grande cette année. Il faudrait que la culture du blé s'accrût dans nos provinces.

(Faire servir cet exercice à reconnaître les formes des verbes *croître, décroître, accroître,* paragraphe 311.)

91.

DIRE, REDIRE, MÉDIRE, CONTREDIRE, MAUDIRE.

Tu dis toujours la même chose. Je dis ce qui est nécessaire, et vous ne redites pas ce qu'il faut. Vous contredisez vos maîtres sans cesse et vous médisez de vos amis. Ne dites pas le contraire. Je vous dirai toujours vos défauts malgré vous. Si je ne vous les disais pas, vous pourriez dire plus tard que je vous ai mal élevé. Il faut qu'un père dise à son enfant ce qu'il pense.

Quand notre ami Frédéric vient nous voir, il nous dit qu'il reviendrait. Nous lui dîmes adieu. Il ne semblait pas que nous le lui disions pour toujours, et cependant vous dites qu'il a péri en mer. En le disant, en êtes-vous bien sûr? — Cette nouvelle m'a été dite au port. — Cependant vous ne m'interdisez pas l'espoir de le revoir, car, disons-le entre nous, bien des choses ont été dites au port, qui ont été trouvées fausses ensuite.

Nous maudissons souvent la fortune, quand c'est notre paresse que nous devrions maudire.

Ne maudissez jamais le méchant : Dieu, en le maudissant, l'accable assez de sa colère. Ne prédisez point non plus le mal, il semblerait que vous prenez plaisir quand vous le prédisez.

(Faire servir cet exercice à reconnaître les formes des verbes *dire, redire, médire, contredire, maudire,* paragraphes 312, 313.)

92.

ÉCRIRE, FAIRE.

Tu écriras le même jour que nous écrirons nous-mêmes. — J'ai déjà écrit. — Si tu n'écris pas mieux aujourd'hui que tu n'écrivis hier, il faudra que tu écrives demain toute la journée. Quand vous écrivez, vous ne regardez pas votre modèle. Quand j'écrivais à l'école, j'essayais de bien me tenir. Il ne faut pas se coucher sur la table en écrivant. Quoique j'écrivisse assez bien déjà, je continuai d'écrire encore pendant longtemps. Les enfants écrivent mal, parce qu'ils tiennent mal leur plume : ils écriraient beaucoup mieux s'ils étaient surveillés : cela fait beaucoup, et bien des maîtres n'y apportent pas assez d'attention. Je fais d'abord bien asseoir l'enfant, je lui dis : regardez ce que vous faites. Nous faisons d'abord des barres. Je faisais faire aussi des *o* pour assouplir la main. Je ferai avec Jacques ce que nous fîmes avec son frère. Il fit de grands progrès. Mais il fallait que je fisse bien attention à ses doigts. Pourvu que j'en fasse de bons écoliers! Cela me ferait bien de la peine s'ils ne faisaient rien de bon. On dépense bien du temps en faisant l'éducation de ses enfants : mais on ne fait que son devoir.

(Faire servir cet exercice à reconnaître les formes des verbes *écrire* et *faire*, paragraphes 314, 315.)

93.

FRIRE, INSTRUIRE, CUIRE, DÉTRUIRE, ENDUIRE, PRODUIRE, RÉDUIRE.

Aimez-vous le poisson frit? Je fais toujours frire les goujons. Pensez-vous que ce gros poisson frira bien dans cette petite poêle? — Il frit déjà de ce côté, retournez-le de l'autre. — Vous m'instruisez sur la cuisine. Je m'instruis avec plaisir sur toute chose : la nécessité instruit mieux que les conseils.

J'instruirai votre père de votre conduite. Il veut que vous vous instruisiez, et vous n'êtes guère instruit pour votre âge. S'il avait fallu que j'instruisisse tous les enfants qui ont montré votre caractère, je serais mort à la peine. J'instruisais bien ceux qui étaient désireux d'être instruits. On s'instruit en instruisant les autres.

Revenons au poisson, est-il assez cuit? — Non. — Il demande à cuire encore. Vous l'enduisez de farine pour qu'il ne s'attache pas à la poêle : cela produirait un mauvais effet.

Vous ne vous conduisez pas bien : il faut que je détruise vos mauvaises habitudes, et je vous réduirai à m'obéir. Vous joignez la paresse à la dissipation.

Je vous quitte un instant et je vous rejoins de suite. Nos amis vous rejoindront sur la place. Est-il bien nécessaire que nous joignions ce livre à l'autre? il eût été mieux que je le joignisse hier.

Comme je rejoignais votre frère, il me supplia à mains jointes de lui pardonner sa faute. Je vois poindre en lui un bon sentiment.

(Faire servir cet exercice à reconnaître les formes des verbes *frire, instruire, cuire, détruire, enduire, produire, réduire, joindre,* paragraphes 316, 317, 318.)

94.

LIRE, LUIRE, METTRE.

L'enfant lit bien quand il a appris à bien épeler. — Tu lis trop vite, cela t'a toujours nui. Je lirai pour te montrer. Quand tu lus hier, tu ne fis pas tant de fautes : nous lûmes ensemble plus de cinq pages. Tu les a lues plusieurs jours de suite. Lis-les encore aujourd'hui. Vous lisez bien, parce que vous avez l'habitude de lire. Il faut bien que je lise pour grand'maman qui ne lirait plus avec ses yeux malades. Les gens qui lisent bien sont écoutés avec plaisir. Je ne pourrais pas suffire s'il fallait que je lusse tout ce livre en deux jours. En lisant cent pages par jour, on peut y arriver.

Tout ce qui luit n'est pas or.

Le soleil a toujours lui pour les bons comme pour les méchants. Il luira de même jusqu'à la fin des siècles.

Tout est luisant de propreté dans votre maison. — J'y mets beaucoup de soin. La négligence a toujours nui dans un ménage. Nous mettons toute la matinée pour le nettoyage. Celui qui ne met pas le temps nécessaire ne réussit à rien.

Ces gens-là se mettent bien, quoiqu'ils ne soient pas riches.

Alfred s'est mis près de moi pour bien travailler. Quand il se mettait loin, je ne le voyais pas. Il se remit à l'ouvrage dès qu'il revint.

Vous vous mettrez toujours ici. — Oui, puisque vous voulez que je m'y mette. Si vous vouliez que je me misse ailleurs, je m'y mettrais volontiers. Venez souper, la table est mise. En la mettant je me suis fatigué. — Asseyez-vous pour vous remettre.

(Faire servir cet exercice à reconnaître les formes des verbes *lire*, *luire*, *mettre*, paragraphes 319, 320, 321.)

95.

MOUDRE, NAÎTRE.

C'est le moment de moudre le café. — Je le mouds. — Vous le moulez trop gros : c'est qu'hier je le moulus trop fin. Quand Francis le moud, il est bien. Il le moulut cependant assez mal, ce jour qu'il était pressé. Il fallait qu'il le moulût en un instant. Si vous voulez que je le moule tous les jours, je le moudrai volontiers. En effet, il est bien moulu aujourd'hui. Tous les gens ne le moulent pas aussi bien. Il était nécessaire que je le moulusse devant vous.

Le jour naît à peine que je suis déjà levé. Je renais en

respirant surtout l'odeur des fleurs qui naissent dans mon jardin. Je naissais à peine quand mon père a planté ces arbres. Je naquis deux ans après que la maison avait été bâtie. Je suis né quand mon frère avait déjà quatre ans. Ma sœur est morte presque en naissant.

Il faut qu'un bon sentiment naisse de lui-même. Si Dieu avait voulu que je naquisse avant vous, j'aurais eu le droit de vous commander. J'ai vu naître ce rosier.

(Faire servir cet exercice à reconnaître les formes des verbes *moudre*, *naître*, paragraphes 322, 323.)

96.

PAÎTRE, PLAIRE, PRENDRE.

Les moutons de Jacques paissent dans le parc qu'on leur a dressé. Chaque jour ils paîtront dans un endroit différent. Tout en paissant, ils amélioreront le pré.

Petits agneaux, paissez à côté de vos mères.

Il ne faut pas que tu te repaisses d'un espoir trompeur.

Je trouve que votre bétail est bien repu. Il plaît à l'œil par sa propreté et son embonpoint.

Vous êtes capricieux : ce qui vous plut hier, ne vous plaît pas aujourd'hui : il faut tâcher de plaire vous-même à ceux qui vous entourent. Si vous ne me plaisez pas, pourquoi faudrait-il que je vous plusse? vous nous devez des ménagements. Il serait plaisant que vous nous déplussiez, quand votre devoir est de nous complaire en toute chose. En faisant le bien, vous nous plairez autant que vous nous avez déplu auparavant. Je me plais à reconnaître en vous de bonnes qualités : mais prenez garde que votre vivacité ne vous fasse commettre quelques fautes. On est bientôt pris quand on ne s'observe pas.

Votre père prit avant-hier trois perdrix; il aurait mieux valu qu'il en prît quatre, puisqu'il voulait partager avec nous qui n'avions rien pris. Pour qu'il prenne tant de gibier, il faut qu'il sache les bons endroits. En prenant quelques lièvres et quelques douzaines de perdrix, il paie bien le port d'armes qu'il prend tous les ans. Si chaque chasseur en prenait autant, le pays serait dévasté.

(Faire servir cet exercice à reconnaître les formes des verbes *paître, plaire, prendre*, paragraphes 325, 328, 330.)

97.

RIRE, ROMPRE, SUFFIRE.

Vous riez de vos propres sottises, mais moi je n'en ris pas et vos parents n'en rient pas non plus. Rira bien qui rira le dernier. Pour que vous riiez ainsi, il faut que vous ayez bien peu de bon sens; si nous riions tous pour si peu de chose, nous ressemblerions à des insensés. Pour que je rie de bon cœur, il faut que je sois content de vous. Il ne suffirait pas pour que je risse avec vous de me dire : maman, ris donc un peu. Vous vous croyez tout permis quand on a ri quelque peu par faiblesse ou par indulgence. Ce qui ne vous fait pas rire, c'est quand vos camarades vous trouvent puni. Rappelez-vous comme Alfred, Jean, et Philippe rirent à vos dépens le jour où vous pensiez leur jouer un mauvais tour. En riant ils vous donnaient une bonne leçon. Vous avez alors rompu avec eux, mais en rompant vous vous êtes puni vous-même. Il ne suffit pas de dire : je romprai avec mes amis. Celui qui rompt doit s'attendre à ce que l'on rompe aussi facilement que lui. Vous rompîtes alors avec Alfred, Jean et Philippe; ils rompirent ensuite à leur tour, et quand vous les avez envoyé chercher, ils ont dit : il ne fallait pas qu'il rompît avec nous. Maintenant vous ne vous suffisez pas tout seul. Vous ne vous êtes jamais suffi, et vous ne vous suffirez jamais sans doute. Je désire que cette leçon vous suffise pour guérir votre mauvais caractère.

(Faire servir cet exercice à reconnaître les formes des verbes *rire, rompre, suffire*, paragraphes 331, 332, 333.)

98.

SUIVRE, SE TAIRE.

Quand je suis mon père à la chasse, je suis souvent bien fatigué. Nous ne suivons pas les grands chemins, mais les petits sentiers peu suivis par les promeneurs. Les animaux suivent d'ordinaire les haies et les petits vallons creux. Stop, notre bon chien, nous suivrait jusqu'au bout du monde quand il nous voit prendre le fusil et la carnassière. Il nous suit des yeux. Il sait quand il faut qu'il suive ou qu'il précède son maître. En suivant la piste du gibier, il nous conduit quelquefois au bon endroit. S'il fallait que je le suivisse dans tous les tours et détours qu'il fait, je n'y pourrais jamais suffire. Nous ne suivrons pas la grande chasse du mois prochain. Il y aura trop de monde pour que les enfants la suivent.

Un mot qu'on entend souvent à l'école est le mot : Taisez-vous. Les enfants sont si bavards qu'ils ont grand'peine à se taire. On dit bien : je me tais, mais l'on ne se tait pas pour cela. Cependant ceux qui ne se taisent pas quand le maître parle sont grondés. Ceux qui se seront tus seront récompensés. Avant-hier, Paul est revenu en pleurant : il avait eu des mauvais points parce qu'il ne s'était pas tu sur-le-champ. Aussi hier il se tut bien et gagna un bon point.

(Faire servir cet exercice à reconnaître les formes des verbes *suivre*, *se taire*, paragraphes 334, 335.)

99.

TRAIRE, DISTRAIRE, EXTRAIRE, VAINCRE.

Je ne trais pas nos vaches ce soir ; vous les trayez mieux que moi, vous voudrez bien les traire. Tu les trais comme Marianne et Pierrette les traient d'habitude ; nous ne les trayons pas nous-mêmes autrement. Autrefois nous les

trayions jusqu'à trois fois par jour. Je ne les trairai maintenant que deux fois. Je les ai déjà traites ce matin. En
les trayant ce soir cela sera suffisant.

Ne riez pas ainsi; cela me distrait; en me distrayant vous
nuisez à mon travail. J'ai découvert ce marbre en ex-
trayant de la terre glaise.

Si tu vaincs tes mauvaises habitudes cette année comme
ton frère les vainquit l'an dernier, tu n'auras pas de peine
à vaincre tes camarades à l'école. Ceux qui vainquent trop
facilement finissent par s'amollir. Je vaincrai, dis-tu; il
faut t'exercer pour que tu vainques aussi sûrement que tu
le dis. Les vaincus de la veille deviennent souvent les
vainqueurs du lendemain. En vainquant une fois on efface
souvent bien des défaites. Voyez Georges; on ne se serait
pas douté qu'il vainquît jamais ses rivaux, il les a cependant vaincus et depuis il les vainc tous les jours. Nous
sommes maintenant convaincus qu'il travaille.

(Faire servir cet exercice à reconnaître les formes des verbes *traire, dis-
traire, extraire, vaincre,* paragraphes 336, 337.)

100.

VIVRE.

Le plus grand bonheur ce n'est pas de vivre longtemps,
c'est de bien vivre. Celui qui vit mal offense Dieu. Ne vivez donc pas comme vivent les méchants. Abel vécut peu,
mais il fut agréable au Seigneur. Dieu voulut que Caïn
vécût longtemps, et il vécut vieux en effet; mais il vivait
pour expier son crime.

Je crois que cette couvée d'oiseaux ne vivra pas.—Pourquoi ne vivraient-ils pas? Je crois qu'ils vous tromperont en
vivant plus que la couvée dernière; car ils sont plus forts.
Les autres n'ont pas survécu aux derniers froids du printemps. Ils vécurent seulement quinze jours; j'espère bien
que ceux-ci vivront.

Les gourmands semblent ne vivre que pour manger,
tandis que nous ne devons manger que pour vivre. Il y a
des ermites qui ont vécu longtemps en ne mangeant que

des herbes et des racines ; ils vivaient mieux malgré leurs privations. Saint Jean vécut longtemps dans le désert. Cependant l'homme qui travaille beaucoup ne vivrait pas longtemps s'il n'était pas nourri convenablement. Quand nous avons à supporter de grandes fatigues, il ne suffit pas que nous vivions, il faut que nous réparions nos forces pour recommencer chaque jour notre travail.

(Faire servir cet exercice à reconnaître les formes du verbe *vivre*, paragraphe 338.)

FIN.

TABLE DES MATIÈRES.

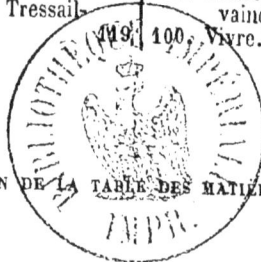

FIN DE LA TABLE DES MATIÈRES.

SAINT-CLOUD. — IMPRIMERIE DE Mme Ve BELIN.

www.ingramcontent.com/pod-product-compliance
Lightning Source LLC
Chambersburg PA
CBHW052203270326

41931CB00011B/2216